AF305702

L'ABBÉ LOUIS BLAZY

CONTRIBUTION A L'HISTOIRE

DU PAYS DE FOIX

PREMIÈRE SÉRIE

Quelques recensements de la ville et du consulat de Foix au xviiie siècle. — Notes sur les corporations ouvrières de Pamiers. — L'organisation du travail à Foix au xviie siècle. — Droits seigneuriaux des Foix-Candale au xviie siècle. — Dénombrement de la ville de Foix sous Louis XV.

FOIX

TYPOGRAPHIE VEUVE POMIÈS

—

1903

AVANT-PROPOS

Sous ce titre « Contribution à l'Histoire
du Pays de Foix », *nous publions une
première série d'études, se rapportant
toutes à notre ancien Comté. Elles n'ont
d'autre mérite que de mettre en relief des
points jusqu'ici encore laissés dans l'ombre.*

*Le lecteur aura ainsi sous les yeux des
documents pour la plupart inédits, sans
ordre il est vrai, mais parfaitement distincts.*

*Cette variété ne nous a pas semblé con-
damnable. D'autres l'ont recherchée avant
nous et on ne leur en a pas fait le moindre
reproche. Bien au contraire, on leur a su
gré de n'avoir point captivé l'esprit par un*

travail unique et de trop longue haleine.

Peut-être ces modestes études seront-elles de quelque utilité aux nombreux travailleurs qui étudient si activement, depuis plusieurs années, le passé de notre pays? Nous le désirons vivement, et déclarons même n'avoir point visé d'autre but, en les livrant à la publicité.....

Montoulieu, 15 avril 1903.

Quelques recensements de la Ville et du Consulat de Foix au XVIIIe siècle (1765-1784-1786-1790).

Le recensement est devenu, de nos jours, une institution ; c'est même une institution périodique puisque , depuis plusieurs années, il est renouvelé exactement tous les cinq ans.

Cette opération, qui avait ému Saint-Simon et lui avait fait pousser de véritables cris de fureur, nous laisse très calmes et entièrement maîtres de nous. Elle était pour lui plus que la cousine germaine de ces dénombrements impies qui ont toujours indigné le Créateur et appesanti sa main sur ceux qui les ont fait faire, et presque toujours attiré d'éclatants châtiments. Nos économistes modernes, qui rêvent d'un fauteuil à l'Académie des sciences morales et politiques, trouvent dans les divers renseignements fournis par le questionnaire des thèmes de dissertations fort intéressantes.

Dans le comté de Foix, comme partout ailleurs, les intendants cherchaient à s'instruire, au moyen de ces statistiques générales et partielles, sur la diminution ou l'augmentation de la natalité et le progrès des arts et métiers. Nous publions le résultat de certaines de ces enquêtes faites, dans la seconde moitié du dix-huitième siècle, pour la ville et le Consulat de Foix. On pourra, par une étude comparative, se rendre compte de l'extension qu'a prise, en particulier, depuis, notre chef-lieu de département.

I

D'après la statistique de 1765, publiée par M. l'abbé Duclos dans son *Histoire des Ariégeois* (1), la population de Foix et des

(1) Tome VII, pages 203-204.

diverses localités qui composaient le Consulat était, en chiffres ronds, de 11,200
habitants. Elle est relevée, dans le détail,
de la manière suivante :

Foix....	3.194
Caraybat......	142
Montlaur, l'Herm et la Bastide-de-l'Herm..............	421
Ferrières.	200
Arabaux et Villeneuve-du-Bosc.	231
Saint-Martin-de-Caralp	300
Le Bosc...	1.280
Serres et Bénac	1.500
Amplaing..................	170
Pradières............	230
Vernajoul	288
Ganac et Saint-Pierre-de-Rivière.	1.100
Brassac............	830
Saint-Jean-de-Verges, Labarre et Marseillas...............	328
Prayols, Seignaux et Montoulieu.	663
Cadarcet................ ...	323
Total........	11.200

II

Le marquis d'Usson, commandant de la
Province (1), avait demandé, en 1784, un
état de « population et situation » de tout
le comté de Foix. — C'est sous cette
dénomination que l'on désignait, aux
siècles passés, les dénombrements. — Le
19 du mois d'octobre, il écrivit au subdélégué Boyer pour le charger de « retirer »
les états qu'on avait négligé de lui remettre avant son départ. La communauté de
Foix était parmi les retardataires, ainsi
que les marguilliers ou collecteurs respec-
tifs (2) des lieux « d'Arabaux, Villeneuve-
du-Bosc, Amplaing, Ferrières, Ganac, le
Bosc, Labouche, Loubières, l'Herm, la
Bastide-de-l'Herm, Labarre, Marseillas,
Montlaur, Montoulieu, Seignaux, Vernajoul, Caraybat, Bénac, Cadarcet, Serres,

(1) Depuis 1774.

(2) Dans les villages qui composaient la juridiction, il
n'y avait pas de consuls. La gestion des affaires locales
était confiée aux « marguilliers ou collecteurs » qui, en
conséquence, étaient chargés de faire exécuter dans les
paroisses les ordres de l'autorité supérieure.

Saint-Martin-de-Caralp, Saint-Jean-de-Verges, Saint-Pierre-de-Rivière, Sannac-del-Cassé, Pradières et Prayols ». C'était, on le voit, tout le Consulat qui n'avait point satisfait aux ordres de l'autorité. M⁰ Boyer le rappela, le 11 novembre (1), aux magistrats municipaux de la ville. Il leur marquait en même temps que, suivant le désir exprimé par M. le Marquis, la remise devait en être faite dans le courant de *ce* mois. Les archives municipales sont muettes sur le résultat de ce recensement. Apparemment, il dut être envoyé dans le délai prescrit. A défaut d'autre indication plus précise, la lettre de M⁰ Boyer nous permet de relater, à titre documentaire, qu'il en fut ordonné un en l'année 1784.

III

Autrement explicite est la pièce qui porte la date du 15 juillet 1786 (2). De

(1) *Lettre de M⁰ Boyer à MM. les Officiers municipaux de la ville de Foix pour les états de population.* (Archives de la ville de Foix, carton B).
(2) *Minute de l'état de population, des négo-*

tous nos documents, en effet, c'est le plus
circonstancié, celui qui fournit les renseignements les plus variés et les plus com-
plets. Outre un état très fidèle de la
population fuxéenne, il fait connaître le
nombre de négociants, de marchands,
d'artisans et de fabricants, et indique, en
dernier lieu, la population approximative
du Consulat ainsi que les diverses paroisses qui le composaient.

Le dénombrement demandé par l'intendant de la province, Claude-François-Ber-
trand de Boucheporn (1), fut effectué par
les soins de l'administration municipale.
Nous reproduisons la minute de l' « état »
telle qu'elle fut envoyée, sinon dans sa
disposition originale, du moins dans les
détails historiques qu'elle renferme. Res-

ciants, marchands, artisans et fabricants de la
ville de Foix fait le 15ᵉ juillet 1786, pour être
remis à Mgr l'Intendant en lad[ite] ville de Foix.
(Archives de la ville de Foix, carton B.)

(1) C.-F.-B de Boucheporn, ancien conseiller au Parlement de Metz, ex-intendant de la Généralité d'Auch,
fut condamné à mort par le tribunal révolutionnaire de
Toulouse, le 2 ventôse an II (20 février 1794). (Axel
Duboul : Le tribunal révolutionnaire de Toulouse,
in-8°, Toulouse, Edouard Privat, 1894, pages 79-82.)

pecter l'ordre suivi par le rédacteur serait
nuire à la clarté du document (1).

Voici d'abord exactement les chiffres
de la population de Foix. Le document
les donne sous forme de tableau ; c'est un
classement net et précis que nous conser-
vons volontiers.

Hommes : de 14 à 25 ans...	150		
— de 25 à 50 ans...	386		
— de 50 à 100 ans..	209		
Total	745	745	
Femmes : de 14 à 25 ans...	173		
— de 25 à 50 ans...	365		
— de 50 à 100 ans..	242		
Total	780	780	
Enfants : depuis la naissance jusqu'à 3 ans....	162		
— de 3 à 8 ans (garçons)	115		
— de 3 à 8 ans (filles)..	118		
— de 8 à 14 ans (gar- çons)	132		
— de 8 à 14 ans (filles)	127		
Total	654	654	
Total d'ensemble.........		2.179	

(1) Il a été publié par nous pour la première fois dans

Le total des hommes, des femmes et des enfants donnait donc comme population : 2,179 habitants. Dans ce chiffre n'étaient pas compris les habitants de *Cadirac* et de *Labarre* — villages dépendant comme aujourd'hui de la communauté de Foix — et dont la population pouvait « se porter à environ 400 ». La pièce fait, en outre, observer que les domestiques et les servantes, de même que les garçons et les apprentis des différents métiers, ne figuraient pas non plus dans l'état et qu'il y en avait « environ 150 ». On avait ainsi, d'après le total d'ensemble : 2,729 habitants. Depuis 1765 il s'était produit, dans l'espace d'une vingtaine d'années, une diminution de 465 âmes.

*
★ ★

Nous passons à un autre champ d'informations : l'état des négociants ou marchands, des artisans de divers métiers, des fabriques et des fabricants.

Négociants ou marchands. — Marchands en blé et autres grains 5 , en draps 3 , en droguerie 14, en fer 8, en lingerie 4.

Artisans de divers métiers. — Ils étaient 177 formant 35 corps distincts, mais absolument libres. En voici la liste par ordre alphabétique : Apothicaire 1, armurier 1, aubergistes 12, barbiers 8, bâtiers 2, bouchers 4, boulangers 13, bridier 1, cardeurs 2, chapeliers 9, charpentiers 6, chaudronniers 3, chirurgiens 2, cordier 1, cordonniers 14, couteliers 2, ferblantier 1, foulonniers 3, maçons ou tailleurs de pierre 10, maréchaux ferrants 6, menuisiers 6, meuniers (ou moulins) 7, peigneurs de laine 6, perruquiers 3, potiers de terre 8, selliers 2, sergeurs ou fabricants de petites étoffes 16, serruriers 4, tailleurs d'habits pour femmes 3, tailleurs d'habits pour hommes 8, tanneurs 5, tapissier 1, teinturiers 3, tisserands 3, tourneur 1.

Fabriques et fabricants. — L'industrie manufacturière n'a jamais pris à Foix de

grands développements. Elle comprenait
en 1786 1 martinet à cuivre dont le pro-
priétaire était le sieur Pauly, 2 martinets
à fer appartenant aux nommés Pouech et
Jean Fis, et 1 fabrique de clous exploitée
par un certain Garaud.

En note l'agent recenseur fait remar-
quer qu'il y avait encore 1 forge et 1 clou-
terie « *considérable* » dans le Consulat de
Foix (paroisses du Bosc, Serres, Ganac et
Saint-Martin-de-Caralp).

Le Consulat de Foix comprenait, dans
les dernières années du xviii° siècle, 30
villages ou hameaux qui formaient 16 paroisses (1). Le document ne mentionne que
les paroisses ; nous les indiquons en caractères italiques et dans l'ordre observé dans
la pièce ; les localités à côté sont les an-
nexes ou dépendances : *Foix*, Labarre et
Cos ; *Ferrières* ; *Montoulieu*, Seignaux et
Prayols ; *Amplaing* ; *Ganac* et Saint-Pierre-

---

(1) Voir dans le *Bulletin de la Société Ariégeoise,*
1898, tome VI, numéro 4, pages 249-66, l'intéressante
étude de M. de Dufau de Maluquer : *Le Consulat de
Foix en 1445.*

de-Rivière ; *Brassac* et les Martis ; *Le Bosc;*
Serres et Bénac ; *Saint-Martin-de-Caralp*
et Baulou ; *Cadarcet ; Vernajoul*, Labouche et Loubières ; *Saint-Jean-de-Verges*
et Marseillas ; *l'Herm*, Montlaur et la Bastide-de-l'Herm ; *Pradières ; Arabaux* et
Villeneuve-du-Bosc ; *Caraybat* (1). La
population de ces 16 paroisses pouvait être,
en nombre rond, de 8,000 habitants. La
statistique de 1765 en donnait 3,200 en
plus, soit 11,200.

IV

En janvier 1790 (2), à la veille de la
nouvelle constitution de la municipalité,
un recensement fut ordonné et opéré par
les soins des officiers municipaux en
exercice (3). Les hameaux de Cadirac,

(1) C'est par erreur que l'on a classé Caraybat au
nombre des paroisses ; cette localité n'était qu'une annexe
de *Soula,* en Languedoc.

(2) Séance du 23 janvier 1790. (Archives de la ville
de Foix. *Registre des délibérations du Conseil
politique, 10 août 1783 — 28 juin 1790. Fol. 4).*

(3) Azam, maire ; Bribes, lieutenant de maire, aidés de
MM. Sassaut, syndic ; Lacaze, conseiller de ville ; Ger-
main Cassaigne et Marc.

Labarre, Berdoulet et Cos, se trouvant enclavés dans le taillable de la communauté de Foix, furent naturellement compris dans l'état que l'on fournit pour elle, mais on en fit mention à part.

Voici le résultat de ce dénombrement :

Foix..........................	2.933
Cadirac	307
Labarre et Berdoulet.........	230
Cos...........................	200
Total	**3.670**

D'après le dernier recensement quinquennal — mai 1901 — Foix compte aujourdui 7,065 habitants :

Population agglomérée au chef-lieu	4.657
Population éparse.............	1.366
Total formant la population municipale	6.023
Population comptée à part, conformément à l'article 2 du décret du 20 janvier 1901, et comprenant : troupe, prison, hospice, lycée, écoles, pensionnats.....	1.042
Total général de la population de la commune	7.065

Dans l'espace d'un siècle, la population se trouve avoir augmenté de moitié. Cette extension ne saurait provenir que du grand nombre de fonctionnaires créés par les législations successives depuis la Révolution.

*
* *

A la suite de ces recensements, nous donnons, comme conclusion, la reconnaissance des citoyens actifs et éligibles relevée dans la séance du 23 janvier 1790, d'après les cahiers des impositions (1) de l'année 1789. Cette statistique ne semble pas devoir être trop déplacée ici. On appelait citoyens *actifs* ceux qui payaient 3 livres et plus d'impositions ; les citoyens *éligibles* étaient ceux qui en payaient 10 et plus.

Foix avait 330 citoyens actifs dont 236 actifs et éligibles ; Cadirac avait 26 citoyens actifs parmi lesquels 7 éligibles.

On ne fit pas la reconnaissance des

____

(1) Taille, vingtièmes et capitation. — Même registre et même folio indiqués ci-dessus.

2

citoyens de Labarre, Berdoulet et Cos,
parce qu'on n'eut pas à portée le rôle de la
taille.

Il nous a paru opportun de grouper ces
quelques documents statistiques : apparemment, ils donnent pour la ville de
Foix des chiffres exacts et pour les autres
localités de la juridiction un dénombrement aussi approximatif que possible.

On ne saurait, à la vérité, tirer de conséquence définitive de ces résultats de
quelques recensements, mais il est évident
que le rapprochement de plusieurs documents de cette sorte aidera plus tard, si
l'on peut mettre la main sur une quantité
suffisante, à noter de curieuses observations. D'ores et déjà, ces enquêtes officielles
nous permettent de jeter un peu de
lumière sur une époque dont nous nous
éloignons incessamment et sur des points
que, de nos jours surtout, on s'attache à
étudier de très près.

Notes sur les corporations
ouvrières de Pamiers.

Un document authentique (1) nous permet de nous rendre un compte exact de la
situation des corporations ouvrières de
Pamiers, à la fin de leur existence. C'est
un procès-verbal d'enquête, faite en 1767,
par les ordres de l'intendant général du
Languedoc.

Deux enquêtes successives furent or-

(1) *Etat général des arts et métiers de la ville
de Pamiers et des noms deceux qui les exerçaient.*
Nous en devons communication à la complaisance de M.
le chanoine Ferran.

Il a déjà été publié dans le *Bulletin de la Société
Ariégeoise des Sciences, Lettres et Arts*, 1898,
tome VI, numéro 6, pages 376-79.

données dans toutes les villes de France, la première en 1767, la seconde, neuf ans plus tard, en 1776 (1). Nous n'analysons ici que le procès-verbal de la première : il porte la date du 5 novembre et la signature de Dongré, maire, Cardeillac, Peyre et Robert, échevins.

On ne trouve pas dans cette pièce des détails caractéristiques, des renseignements précis sur l'ancienne organisation du travail. Elle nous fait connaître seulement les diverses « vacations » exercées à cette époque et indique, parmi les corps de métiers, ceux qui étaient érigés en jurandes et maîtrises et ceux qui formaient de simples communautés libres.

I

Il résulte de cette enquête qu'il y avait à Pamiers quarante-quatre professions.

(1) Antoine du Bourg : *Tableau de l'ancienne organisation du travail dans le Midi de la France. Corporations ouvrières de la ville de Toulouse de 1270 à 1791.* Toulouse, *imprimerie catholique Saint-Cyprien*, 1885, page 220.

En voici la liste : apothicaires 2 ; armurier
1 ; bâtiers 3 ; blanchers 3 ; bonnetiers 5 ;
boulangers 17 ; cardeurs 5 ; chapeliers 8 ;
charpentiers 17 ; charron 1 ; chirurgiens
4 ; chaudronniers 2 ; chaussetier 1 ; cordier
1 ; cordonniers 21 ; couteliers 3 ; épingliers
3 ; fabricant de bas 1 ; forgerons 3 ; fourniers 7 ; hôtes 23 ; langeyeurs 4 ; lanter-
nier 1 ; maçons 4 ; marchands de draperie
et de soierie 10 ; marchands de mercerie
et épicerie 21 ; maréchaux ferrants 7 ;
menuisiers 5 ; meuniers 4 ; orfèvres 3 ; perruquiers 4 ; potier d'étain 1 ; quincaillers
2 ; savetiers 3 ; selliers 2 ; tamisier 1 ;
tailleurs 15 ; tapissiers 2 ; tisserands de
laine 15 ; tisserands de toile 13 ; tonnelier
1 ; tourneurs 3 ; tuiliers 2 ; vitriers 3.

Dix corps de métiers étaient établis en
jurandes et maîtrises. Les autres corps
d'état formaient de simples communautés
libres et ouvertes ; par crainte de quelque
lourde charge, ils repoussaient énergique-
ment ce titre. Des seconds il n'est rien
dit : on connaît seulement par le document

le nom de ceux qui les exerçaient en 1767 (1). Pour les premiers, il n'est pas donné, non plus, d'amples informations — deux détails simplement — la date de leur établissement en jurandes et du renouvellement des statuts. Une étude comparative de ces différents règlements ne manquerait pas d'intérêt. On pourrait ainsi suivre pas à pas l'histoire des corporations ouvrières de la ville de Pamiers, étudier les transformations successives de l'organisation du travail dans les siècles passés, comme l'a fait M. du Bourg pour les corporations toulousaines. Les archives municipales doivent, sans nul doute, renfermer des matériaux. C'est, en tout cas, un travail à faire, pour lequel nous avons déjà recueilli de précieux documents.

II

Nous revenons aux corps de métiers érigés en jurandes : ce sont toujours les

(1) Nous ne donnons pas ces noms ; ils ne nous apprennent rien, sinon que plusieurs sont encore portés de nos jours.

plus importants, les plus puissants. Il n'entre pas dans le cadre d'une simple analyse de pièce de faire l'historique même sommaire des jurandes. Un mot cependant sur leur nature : on appelait *jurande,* dit Littré, « un office annuel qui se donnait par élection dans les corps de métiers et qui consistait à prendre soin des affaires du corps ».

Les *tailleurs* furent les premiers à s'établir en jurande : leurs statuts primitifs sont de 1464. Renouvelés en 1659, ils furent confirmés, le 23 juin 1767, par arrêt du Parlement de Toulouse.

Les *fourniers* s'établirent en jurande par des statuts de l'année 1503. « Il ne paraît pas, ajoute le document, que ces statuts ayent esté omologués ».

Les *cordonniers* s'établirent en jurande une année après les fourniers. Leurs premiers statuts sont datés du 14 novembre 1504 ; ils furent confirmés plus tard, le 4 mars 1760, par arrêt du Parlement de Toulouse. En 1767, ils avaient 21 ateliers.

Les *tamisiers* s'établirent en jurande par des statuts de 1505 ; ils furent renouvelés dans la suite et autorisés en 1642 par l'évêque de Pamiers, Jean de Sponde (1).

Les *blanchers* s'établirent en jurande cette même année 1505. Ils renouvelèrent leuts statuts en 1642 ; l'évêque, Jean de Sponde, les autorisa en même temps que ceux des tamisiers.

Les *chapeliers* s'établirent en jurande à la même époque que les tamisiers et les blanchers. Les statuts qui régissaient leur profession sont également de 1505. On fit plus tard quelques modifications au premier règlement, mais le document ne donne pas la date où ces changements furent apportés.

Les *cardeurs* s'établirent en jurande au commencement de la seconde moitié du XVIe siècle : leurs statuts sont datés du 27 janvier 1555.

Les *tisserands* de laine et de toile, qui

(1) Jean de Sponde, neveu de Henri de Sponde, fut évêque de Pamiers de 1639 à 1643.

formaient deux corps distincts, s'établirent
en jurande le même jour : 7 février 1634.
Leurs statuts, octroyés par les consuls,
avaient été confirmés et autorisés par
arrêt du Parlement de Toulouse. Le procureur général vérifia les approbations le 22
juin 1744.

Les *menuisiers* s'établirent en jurande
par des statuts de 1645, octroyés par les
consuls en charge cette année-là et ap-
prouvés par l'évêque, François de Caulet (1).

Les *boulangers* s'établirent en jurande
par des statuts du 20 décembre 1685. Ces
statuts, octroyés par les consuls de la ville,
furent enregistrés sur le livre des maîtrises de la communauté de Pamiers le 28
décembre; le lendemain, ils reçurent l'au-
torisation nécessaire du juge-mage du
sénéchal de Pamiers : *Etienne de Malen-
fant de Gencien*. M. J.-B. Grilh les a publiés
sous ce titre : « *Statuts de la confrérie des*

_____

(1) François-Etienne de Caulet, évêque de Pamiers de
1644 à 1680.

boulangers rétablie en 1685 dans la ville de Pamiers sous le vocable de Saint Honoré (1).
Il eût été plus exact de dire : « *Statuts de la maîtrise et confrérie des boulangers...* »
En 1767, ils avaient 17 boutiques ouvertes au public.

Le document a omis de mentionner les *chirurgiens* qui formaient également un corps juré. Nous possédons leurs statuts portant la date du 12 mars 1723. Enregistrés en conséquence de l'ordonnance rendue par M° Ribaute, lieutenant particulier et assesseur, ils furent homologués le 19 juillet de la même année.

III

Presque tous les corps de métiers étaient réunis en confrérie. Comme dans les autres villes, les chirurgiens avaient pour patrons *saint Cosme* et *saint Damien ;* les cordonniers, *saint Crépin* et *saint Crépinien ;* les tisserands , *saint Leuger ;* les potiers ,

(1) Foix, *veuve Francal,* 1900 in-8° de 16 pages.

sainte Juste; les tailleurs , *sainte Luce;* les fourniers , *saint Martin* (1).

Jurés ou non, ils se pliaient aisément au groupement religieux. Il paraissait même suffisant au plus grand nombre pour maintenir parmi leurs membres l'union, la prospérité et la paix. Les églises paroissiales et, à leur défaut, les églises des couvents leur offraient une chapelle qu'ils avaient ensuite à cœur d'entretenir de leur bourse commune. Quelques brèves citations confirmeront nos dires.

L'évêque, Barthélemy d'Artigueloube, érigea, au mois de février 1467, la confrérie des tailleurs et lui affecta la chapelle de *Sainte-Luce*, à la collégiale de Notre-Dame-du-Camp (2). Le 23 mars 1536, Bertrand de Lordat (3) confirma les statuts de la confrérie des tanneurs et des mégis-

(1) Jules de Lahondès : *Annales de Pamiers*, tome I, page 155.

(2) Jules de Lahondès : *Annales de Pamiers*, tome I, page 289. — Barthélemy d'Artigueloube occupa le siège épiscopal de Pamiers de 1461 à 1467 (*Eubel*).

(3) Bertrand de Lordat , évêque de Pamiers de 1521 à 1547.

siers ; leur patron était *saint Jean-Baptiste*
(1). L'acte de fondation de la confrérie des
Blanchers, établie en la ville de Pamiers,
le 25 mars 1536, porte également l'appro-
bation de cet évêque (2). Les fourniers
avaient placé leur confrérie sous le vocable
de *saint Martin* et allaient simultanément
faire leurs dévotions à la Cathédrale et au
Camp ; nous possédons leurs statuts datés
du 30 avril 1543. Les boulangers, dont la
confrérie fut renouvelée en 1685, entretenaient la chapelle de *Saint-Honoré* dans
l'église des Carmes. Les chirurgiens, sous
la bannière des *saints Cosme* et *Damien*,
avaient le siège de leur confrérie chez les
Jacobins.

Il était nécessaire, croyons nous, de
faire cette remarque, alors surtout que le
document qui nous occupe demeure absolument muet sur cette organisation.

(1) Jules de Lahondès : *Annales de Pamiers*,
tome I, page 415.
(2) *Histoire manuscrite du pays de Foix*, par
le chanoine Boy, archiviste du chapitre cathédral de
Pamiers au moment de la Révolution.

IV

L'enquête de 1767 marque la décomposition du système corporatif. En marge, sous la colonne des *observations*, on lit les détails les plus minutieux et les plus tristement uniformes : « La plupart de ceux qui composent les arts et métiers sont *misérables, sans fonds* et *sans ouvrage*. » — « Tous les marchands sont *au petit détail* ; il n'y en a aucun qui vende en *gros* ; la plupart de ceux qui sont inscrits sont sans *fonds* et *pauvres* ». —

C'était véritablement, — pour nous servir de la conclusion même de M. du Bourg — la fin « de ces associations, jadis si florissantes, à cette heure dénaturées, étiolées et ne conservant qu'un reste misérable d'existence factice. Aussi, quand l'Assemblée constituante, après avoir accumulé tant de ruines autour d'elle, décréta, le 17 mars 1791, l'abolition définitive des jurandes et maîtrises, elle ne fit que frapper un cadavre et le précipiter dans l'abîme, avec toutes les institutions qui avaient procuré à la France quatorze siècles de gloire, de grandeur et de prospérité » (1).

<hr>

(1) Antoine du Bourg : *opus citatum*, pages 220-22.

L'organisation du travail à Foix
au XVIIᵉ siècle.

Un arrêt du Conseil d'Etat du Roi, rendu
à Versailles le 9 décembre 1673, ordonnait
aux lieutenants généraux des bailliages
de sénéchaussées, aux premiers juges de
justice du Royaume et aux procureurs des
différents sièges « de faire assembler par-
devant eux les principaux des corps et
com[m]unautés des marchans, négotians,
artizans et ouvriers, tant ceux quy sont
ez mestrise et jurande que ceux quy n'y
sont pas encore establis ».

Leur mission était de faire connaître le
« nombre des personnes de chascune
profession, corps et com[m]unauté » ; de

voir et examiner les statuts qui avaient
été accordés, en marquant ce que l'on
croirait nécessaire « d'y adjouter ou dimi-
nuer » ; de dresser ou faire dresser des
règlements pour les « fonctions » de ceux
qui n'étaient pas encore en « com[m]u-
nauté » ; enfin de donner leur avis sur
les sommes que chaque corps ou communauté pourrait payer à Sa Majesté « en
considération du renouvellement des en-
tiens estatuts et concession des nou-
veaux ».

C'était, on le voit, la maîtrise obliga-
toire, maîtrise relevant directement de
l'Etat et imposée sans exception. « Théorie
funeste, dit un auteur compétent en cette
matière (1), qui devait aboutir à l'absorp-
tion par l'autorité royale et, finalement,
à la chute de ces associations jusque-là
vivantes et prospères à raison même de

(1) Antoine du Bourg : *Tableau de l'ancienne
organisation du travail dans le Midi de la
France. Corporations ouvrières de la ville de
Toulouse de 1270 à 1791.* Toulouse, *imprimerie
catholique Saint-Cyprien,* 1885, p. 145.

leur autonomie ». Sans doute, l'intervention du pouvoir royal dans la vie des corporations reposait, à la vérité, sur un principe d'équité : il voulait les garantir dans « leur négosse, profession et fonctions », empêcher d'y être troublés par la concurrence et les contestations qui en résultent. Mais, quand on y regarde de plus près, on voit clairement le motif inspirateur des ordonnances royales. « Ces mesures, qui cadraient avec les vues d'ensemble de Colbert, dit fort justement M. du Bourg (1), présentaient un avantage matériel très considérable ; les droits, que devaient payer les communautés pour leur érection en maîtrises, allaient constituer une notable ressource pour le trésor épuisé et « estre employés sans aucun « divertissement aux dépenses pressantes « de la guerre ».

(1) *Opus citatum*, p. 156

I

Le document que nous allons analyser (1)
nous fait savoir, du reste, que le résultat
de cette enquête générale devait être
adressé au contrôleur général des finances
de Sa Majesté, qui n'était autre que le
petit-fils du maître drapier de Rouen :
J.-B. Colbert. Le 13 janvier 1674, l'intendant de la province, Feydeau, fit connaître
les intentions du Roi à l'autorité consulaire de Foix. Le 7 février suivant,
les quatre consuls en charge, qui étaient
en même temps juges ordinaires des
causes civiles et criminelles et maîtres de
la police, assistés du procureur du Roi (2),
procédèrent à l'exécution de l'arrêt.

Cette enquête nous permet de connaître

(1) *Verbal sur le faict des mestiers, marchans,
artizans et ouvriers de toutes vacations, faict le
7 fébrier 1674.* 12 pages. (Archives de la ville de Foix,
carton J.)

(2) Les quatre consuls étaient : Raymond Bort, Jean
Azam, Jean Brun et Pierre Ducasse Me Antoine Darnaud,
praticien, remplit les fonctions de procureur du Roi aux
lieu et place de Me Pierre Descuns retenu à la campagne.

ainsi la situation des différents corps de métiers dans cette ville. Les registres municipaux ne contiennent rien sur l'organisation du travail à Foix avant la Révolution ; nous n'avons pas, de plus, trouvé aux archives de la mairie de document plus ancien et plus circonstancié. L'analyse de cette pièce ne manquera pas d'intérêt : si elle ne révèle pas des détails rétrospectifs, elle montre, du moins, l'état de nos corporations ouvrières en 1674.

Voici d'abord la liste des divers métiers qui existaient, à cette époque, à Foix. Nous la donnons en gardant l'ordre suivi par le recenseur, et en indiquant, pour chaque profession, le nombre de boutiques ou d'ateliers. Le document renferme, en outre, le nom et surnom de ceux qui les exerçaient ; nous ne les reproduisons pas : ce serait trop de longueurs et peu d'intérêt.

Ce sont les maîtres apothicaires (4) et les maîtres chirurgiens (6), d'un côté, et de l'autre, les marchands, les artisants et les ouvriers. Ces derniers comprenaient des arquebusiers 4, des boulangers 14, des

bouchers 4, des bonnetiers 2, des bâtiers
2, des bridiers ou mourraliers 1, des cordonniers et savetiers 12, des chaudronniers
4, des chaussetiers 1, des chapeliers 1,
des charpentiers 7, des couteliers 3, des
cardeurs 1, des cabaretiers ou hôtes 7, des
marchands de chandelle 5, des fourbis-
seurs 1, des forgerons 2, des foulons en
draps 12, des marchands en draps, toile,
fer et autre mercerie 24, des menuisiers 4,
des maçons 5, des maréchaux ferrants 3,
des orfèvres 2, des peigneurs de laine 6,
des potiers d'étain 1, des potiers de terre
3, des serruriers 3, des selliers 2, des
tonneliers ou pipiers 3, des tanneurs
« curatiers » 7, des tailleurs d'habits 12,
des teinturiers 1, des tuiliers 1, des tisserands de toile ou draps 34, des verriers 2,
des vitriers 2.

Des trente-huit groupes professionnels
que nous venons d'énumérer (1), deux

(1) Plusieurs rues de la ville portent encore le nom de
certaines de ces professions : rue des *Marchands,* rue
des *Chapeliers,* rue de la *Faurie* (forgerons), rue des
Tanneurs, depuis peu débaptisée pour prendre celui de
Théophile-Delcassé.

seulement étaient établis en jurande et
maîtrise : les apothicaires et les chirurgiens.

Les maîtres apothicaires étaient en maîtrise et jurande depuis environ six ans (1).
A cette date, déclarent-ils, il passa à Foix
un commissaire, venant de la part du Roi
et de son premier médecin, qui les obligea
et contraignit à « estre examinés », et à
prendre des lettres de maîtrise et des
statuts pour leur vacation. On leur fit
payer à chacun 45 livres pour le payement
desquelles ils furent obligés « d'ampun-
ter ». Et cependant, disent-ils encore,
cette vacation leur est « presque inutile,
à cause de la petitesse de la ladite ville et
grand[e] pauvretté des habitans quy n'ont

(1) La maîtrise et jurande de pharmacie, suivant les
édits et arrêts du grand Conseil du Roi, fut établie
exactement à Foix au mois de juillet 1664. Les apothicaires présentèrent les actes de leur provision, le procès-
verbal de leur réception, les statuts et autres actes au
Conseil politique, à la date du 22 novembre 1664, à
l'effet de demander l'enregistrement de toutes ces pièces.
(*Registre des délibérations du Conseil politique*,
fol. 302 v°.) Suivent les procès-verbaux de réception,
fol. 303-305 v°.

pas moyen de se faire souigner et tretter ».
Ils ne peuvent gagner assez pour leur
propre subsistance et celle de leurs familles ; ils sont obligés de « s'amployer et
ocuper à d'autres uzatges ». C'est ainsi
que Pierre Bouquier, l'un des quatre apothicaires, a été réduit à prendre un office
de notaire qui lui coûta beaucoup ; il ne
l'exerce plus, n'ayant pas eu les moyens
de payer la taxe. Actuellement il occupe
la fonction de praticien et est secrétaire de
l'Hôtel de Ville. Ils ne demandent « aucune
diminution ni augmentation » aux statuts
qui leur furent donnés : il leur est tout à
fait impossible de pouvoir payer de nou-
veaux frais parce qu'ils se trouvent chargés
de dettes et d'impôts

Les maîtres chirurgiens étaient en maîtrise et jurande depuis environ quatre ans.
Un commissaire subdélégué de la part de
M. Félix, premier chirurgien du Roi, vint,
à cette époque, dans le pays de Foix « avec
des arrêts, ordres et estatutz ordonnés par
Sa Majesté », qui les força et contraignit
à se rendre à Pamiers « pour estre exa-

minés , pran
e lettres de mestrise et
recepvoir les estatuts ». Ce fut pour eux
l'occasion de grandes dépenses. Ils renou-
vellent presque dans les mêmes termes
les doléances et les déclarations formulées
par les apothicaires.

Les artisants et les ouvriers, dit l'enquête
consulaire, « n'ont jamais faict corps ny
com[m]unauté entre eux » ; ils n'ont ni
maîtrise ni statuts de leur vacation, ni
même le moyen d'en avoir. La ville est
petite, les habitants sont pauvres ; on ne
peut être employé constamment à son
métier, et il est bien des fois nécessaire
d'exercer 'd'autres travaux , « comme
d'al[l]er faire messageries, travailler aux
vignes et autres exercices desquels ils se
tr[o]uvent capables ». Plusieurs sont réduits
à la mendicité et forcés d'abandonner la
ville. Dans l'impossibilité de « rien payer »,
ils demandent qu'on les maintienne dans
leur état.

Les marchands déclarent également
qu'ils n'ont jamais eu, ni jamais prétendu
avoir, dans cette ville, des statuts de leur

vacation et « négosso ». Ils sont obligés d'aller à la campagne et dans les villages circonvoisins débiter leurs marchandises « qu'ils tien[n]ent à crédit des marchans de Tholose, Monpelier ou d'ailhieurs ». Comme les artisants et les ouvriers, ils ne peuvent aucunement s'imposer de nouvelles charges.

Ces déclarations sont confirmées par les magistrats municipaux et le procureur du Roi. Ils ont, assurent-ils, « meurement examiné le plus équitablement » qu'il leur a été possible, « la faculté de chascun desdictz appoticaires, chirurgiens, marchans, artizans et ouvriers ». Or, la pauvreté et la gêne des habitants est véritable et notoire : c'est une constatation qu'ils ne peuvent s'empêcher de faire. Il n'y a presque point de commerce ; la ville n'est pas fréquentée par les étrangers.

Les causes de cette pauvreté générale étaient nombreuses, les consuls crurent opportun de les exposer au Roi, pour mieux appuyer leurs respectueuses doléances. Il ne sera peut-être pas sans intérêt de les résumer sommairement à leur place.

Comme première cause, les Consuls indiquent la translation à Pamiers du siège de la sénéchaussée. Ce siège fut, en effet, retiré à Foix et réuni au présidial de Pamiers à partir du 1er janvier 1664 (1). Alexandre de Violet, qui était juge-mage de la sénéchaussée de Foix depuis l'année 1639, fut, à la suite de cette réunion, nommé premier président - présidial , juge-mage à la sénéchaussée de Pamiers. Des familles entières quittèrent, à cette occasion, la ville de Foix , et, avec elles, disparut le peu d'aisance qui régnait dans la Cité. La misère et la pauvreté des habitants ont fait qu'ils n'ont pu ni ne peuvent se pourvoir devant Sa Majesté

(1) Le présidial de Pamiers fut créé par un édit du mois de décembre 1646. La juridiction du sénéchal de Foix, qui existait à l'époque de cette création, continua de subsister jusqu'au 31 décembre 1663. Voir la remarquable *Elude sur la situation sociale dans le ressort du présidial de Pamiers aux XVIIe et XVIIIe siècles*, par M. le premier président Gouazé. (*Bulletin de la Société Ariégeoise des sciences, lettres et arts*, 1897, t. V, n° 9, pp. 393-424 ; — Foix, maison Pomiès, 1897, tirage à part in-8° de 32 pages.

pour lui demander le rétablissement du siège suivant leurs privilèges. Foix n'avait, de ce chef, d'autre justice que celle qui était exercée par les officiers municipaux au nom des seigneurs paréagers, c'est-à-dire du roi et de l'abbé de Saint-Volusien. Elle consistait en la juridiction criminelle et l'entière police ; au civil, la compétence s'étendait jusqu'à trois livres (1).

De plus, en l'année 1654, il y avait eu en la ville de Foix « un grand logement de gens de guerre en quartier d'hyver ». Les troupes séjournèrent dans la ville pendant environ sept mois. La communauté fut obligée de contracter plusieurs emprunts. Les frais de la subsistance des soldats de Sa Majesté, disent les Consuls, dépassent 250,000 livres, et cette somme n'a jamais été remboursée. Si l'on se reporte au registre des délibérations, à

(1) Voir l'étude de M. Barrière-Flavy sur le « *Dénombrement du Comté de Foix sous Louis XIV (1670-1674,*, Toulouse, *A. Chauvin et fils*, 1889, p. 54 ».

cette date, on voit, en effet, que les soldats du Roi pesaient lourdement sur le pays. Le 10 février 1654 (1), on emprunte 40,000 livres pour subvenir aux frais que cause leur subsistance. Les habitants se plaignent, en juin, de ne pouvoir suffire à la subsistance des troupes et de l'état-major (2), en juillet, de ce que les officiers ne paient point ce qu'ils doivent (3).

Cette même année 1654, en septembre, après le départ des troupes, la ville de Foix est affligée d'une maladie contagieuse qui sévit longtemps dans tout le Midi. La peste persista deux années consécutives ; ce fut un « surcroy d'acablement et de misère » pour les habitants ; un tiers de la population mourut. Pour compléter et corroborer les dires des consuls, il convient d'indiquer encore certains passages des registres des délibérations. Les Fu-

(1) Archives de la ville de Foix : *Registre des délibérations du Conseil politique.*
(2) Ibid. 15 juin 1654.
(3) Ibid. 17 juillet 1654.

xéens avaient fini par voir la colère de
Dieu dans ce quartier d'hiver de huit mois
de 10,000 hommes qu'il fallut nourrir,
et dans la peste terrible qui éclata à
l'automne de 1654 ; on avait déjà fait au
Roi de très humbles remontrances pour
qu'il eût pitié « de ceste pauvre communauté affligée » et en proie aux violences
des gens de guerre (1).

A ces deux causes s'en ajoutait une troisième : la plus grande partie des habitants
et biens tenants sont débiteurs pour leurs
portions du « regallement général » dressé
pour payer les dépenses faites par les gens
de guerre. Un grand nombre ne peut même
payer les intérêts qui dépassent les revenus de leurs biens. Les habitants sont
accablés d'impôts de toute sorte : tailles,
donation du Roi, quartier d'hiver et autres

(1) Ibid. 24 mars 1655. — On pourra voir à ce sujet
un tres intéressant article de l'infatigable M. Ge rges
Doublet : *La vie militaire à Foix et le rôle du
château de 1630 à 1675 d'après des documents
inédits.* (*Bulletin de la Société Ariégeoise des
sciences, lettres et arts*, 1894, t. IV, n° 12, pp.
382-420.

frais du pays. La communauté de Foix est débitrice pour les arrérages des tailles envers le pays de Foix de la somme de 30,000 livres. Les créanciers, en vertu des « judications à eux faictes en conséquance dudit despartement général », poursuivent leurs droits, font des saisies sur les biens meubles et sur les biens fonds, et quelques-uns même en ont déjà pris possession.

Actuellement — février 1674 — et depuis le 1er du mois de juin dernier, la communauté de Foix a, pour comble, en logement, de par l'ordre du Roi, une compagnie de chevaux-légers commandée par le capitaine de Carné. Ces gens de guerre exigent, à un bas prix, comparé à celui que le payent les habitants, ce qui leur est nécessaire pour leur subsistance et celle de leurs chevaux ; ils usent de « force » et de « menasses d'un plus grand logement ». La misère est si grande que la plus grande partie des maisons tombent en ruine, beaucoup sont déjà par terre faute d'avoir les moyens de les réparer.

Les officiers municipaux et le procureur royal terminent en déclarant sur leur conscience que les apothicaires, les chirurgiens, les marchands, les artisans et les ouvriers ne pouvaient rien payer pour le renouvellement ou concession « d'aucuns privilèges ny estatutz ».

Tel est fidèlement esquissé, à l'aide de déclarations officielles, le sombre tableau de la déplorable situation de nos corps d'état en 1674. A supposer qu'un peu d'exagération, dont on devine aisément le motif, soit entré dans les dépositions des magistrats municipaux, on ne peut, malgré tout, s'empêcher de constater que les Fuxéens du grand siècle, pas plus que nos contemporains, ne jouissaient point du bien-être matériel. Les charges militaires pesaient d'un grand poids sur la misère des populations.

II

Dix-sept ans plus tard, le 31 mai 1691, les consuls de Foix dressèrent un nouvel état des corps de métiers (1), sur la demande qu'en avait faite l'intendant de la province, Me de La Berchère (2). Ce document, sobre de détails particuliers, complète celui de 1674. La première pièce demeurait muette sur un point qu'il importait de connaître : l'organisation religieuse ; celle-ci nous aidera à le mettre en parfaite lumière

L'industrie et le commerce étaient, peut-on dire, librement exercés à Foix. Les métiers érigés en corporation jurée n'étaient que l'exception. Seuls, dans cette ville, les chirurgiens et les apothicaires étaient constitués en maîtrise et jurande. Néanmoins, la paix régnait parmi les artisans. A quoi faut-il attribuer

(1) *Estat des mestiers et artizans, marchans et au[tres], faict le 31 may 1691.* 12 pages. (Archives de la ville de Foix, carton J.)

Les consuls en charge en 1691 étaient : Jean de Calvet, docteur et avocat en Parlement ; Ferreol Theulade, bourgeois ; Antoine Labarthe, bourgeois, et Jean Cournareau Dupré, maître chirurgien.

(2) Commissaire départi pour l'exécution des ordres de Sa Majesté en la généralité de Montauban.

cet état de choses ? Ce ne peut être à l'organisation corporative, elle n'existait pas pour le plus grand nombre d'entre eux.

Nous n'hésitons pas à répondre : à l'influence de la confrérie religieuse.

Dans le pays de Foix, comme dans bien d'autres contrées, la confrérie a été le grand instrument d'union et de paix sociale jusqu'en 1789. « Par elle, écrit M. Louis Guibert, une nouvelle et plus étroite fraternité, un lien plus précis et plus simple rattachaient l'un à l'autre des hommes déjà frères par la foi. Combien ce lien devait être plus puissant et plus cher quand il unissait des voisins rapprochés d'ailleurs par les mêmes idées, les mêmes besoins, les mêmes préoccupations et le même travail (1). »

La confrérie professionnelle n'avait pas

(1) Louis Guibert : *La Corporation à Limoges, ses caractères, son rôle, phases principales de son histoire. (La Controverse et le Contemporain)*, 1885, Nouvelle Série, t. V, 3e livraison p. 403).

l'activité et les fréquents exercices des associations spéciales de piété et de charité. Elle n'astreignait ses membres à aucune pratique spéciale, à aucune réunion périodique. Son existence ne se manifestait que par la célébration solennelle de la fête du patron, accompagnée du banquet traditionnel, et par le service de rigueur pour les confrères défunts. C'étaient les mêmes usages que dans nos sociétés modernes de secours mutuels.

L'autorité ecclésiastique concédait aux corps de métiers une chapelle, à la charge de pourvoir à son entretien et à son ornementation. Ordinairement, chaque groupe formait une confrérie et avait sa chapelle propre. Lorsque les églises paroissiales ne pouvaient offrir assez de chapelles, on demandait l'hospitalité aux maisons religieuses établies dans la ville ; quelquefois même, si la corporation était suffisamment riche, elle faisait bâtir à ses frais des églises qui devenaient entièrement sa propriété.

A Foix, toutes les confréries professionnelles avaient leur siège dans une des huit chapelles de l'église abbatiale de Saint-Volusien. Les membres de métiers similaires s'unissaient entre eux, ceux d'une même profession ne suffisant pas pour former une confrérie distincte.

Il convient de rappeler que la plupart des chapelles de l'église n'avaient pas le vocable qu'elles ont aujourd'hui. Deux sont toujours affectées à la même dévotion : celle du Rosaire ou de la Vierge et celle de saint Jean-Baptiste. Quant aux autres, le vocable a changé. Ainsi la chapelle des saints Martin et Blaise est aujourd'hui celle des saints Roch et François ; celle de saint Crépin est aujourd'hui celle de saint Pierre : celle de saint Léger est aujourd'hui celle de saint Joseph ; celle de sainte Luce est aujourd'hui celle de sainte Anne ; la chapelle de saint Joseph est aujourd'hui celle de sainte Germaine ; enfin, la chapelle dédiée au xviie siècle à saint Pierre l'est aujourd'hui au Sacré-Cœur (1).

Ces explications données, nous arrivons à l'organisation telle qu'elle ressort de l'enquête de 1691. Le document indique ici encore le nom et le surnom de ceux qui exerçaient les métiers et depuis quelle année ils tenaient boutique ou atelier : nous croyons également pouvoir passer sous silence ces détails à notre avis fort secondaires.

Les marchands « ferratiers » (10), chandeliers et grossiers (10), drapiers, chaussetiers et bonnetiers (6) ne formaient aucun corps de communauté entre eux pour leur commerce ; ils n'avaient, nous l'avons indiqué précédemment, ni maîtrise ni statuts de leur vacation. Les garçons-facteurs et les apprentis ne payaient aucun

(1) Sur les chapelles de l'église Saint-Volusien et les confréries qui les entretenaient consulter l'ouvrage de M. Georges Doublet : *Un prélat janséniste : F. de Caulet, réformateur des chapitres de Foix et de Pamiers* (pp. 155-163), 1895, Paris, *Picard* ; Foix, *Gadrat*, 1 vol. in-8° de 222 pages.

droit. Ils formaient une confrérie dont le siège était à la *chapelle de Saint-Jean*. Le service de la chapelle était assuré par les soins des bailes et d'un syndic que les groupes réunis nommaient tous les ans.

M. Georges Doublet nous apprend, d'après le procès-verbal de la visite de Saint-Volusien faite par Henri de Sponde (1) les 15, 16 et 17 mai 1628, que la confrérie avait des statuts, que chaque nouveau confrère devait verser une pistole et que l'on faisait dire deux messes tous les dimanches (2).

Les cordonniers (11) et les tanneurs (7) n'avaient également jamais fait corps ni communauté dans leurs métiers ; ils n'avaient ni maîtrise ni règlements écrits. Les apprentis devaient payer, au moment de lever boutique, une livre de cire pour la *chapelle de Saint-Crépin*. Suivant un usage

(1) Henri de Sponde fut évêque de Pamiers de 1626 à 1639 et de nouveau en 1643, à la mort de son neveu, Jean de Sponde, qui lui avait succédé (31 mars 1643) ; il mourut le 15 des calendes de juin de cette année, c'est-à-dire le 16 mai.

(2) Georges Doublet : *opus citatum*, p. 160.

immémorial, les bailes et syndic choisis annuellement dans leurs métiers régissaient la chapelle et l'entretenaient.

Les tailleurs (10) n'avaient pas les privilèges de la maîtrise; ils étaient exempts de tous droits quand ils levaient boutique. L'entretien de la *chapelle de Sainte-Luce,* siège de leur confrérie, leur était exclusivement réservé. Une livre de cire était demandée à ceux qui voulaient s'établir. Tous les ans, on nommait les bailes et le syndic qui demeuraient chargés du soin du luminaire.

Le document de 1628 signale que les tailleurs produisirent « leurs estatutz escriptz en ung grand ro[u]lleau de parchemin »; qu'ils avaient trois marguilliers et un syndic; qu'ils faisaient une quête générale huit jours avant leur fête patronale, et que, « les principalles festes, le bassin court dans ladicte esglize et les dimanches pendant que leur messe se célèbre (1) ». C'est le 11 janvier 1520 que Bertrand

(1) Georges Doublet : *opus citatum,* p. 159.

de Lordat, évêque nommé de Pamiers, précédemment abbé de Saint-Volusien, confirma les statuts de la confrérie de Sainte-Luce établie dans l'église de Foix (1).

Les tisserands (25) ne possédaient ni maîtrise ni jurande en leur métier ; ils n'avaient aucun droit à payer quand ils voulaient lever boutique. Ils étaient simplement obligés de donner une livre de cire à la *chapelle de Saint-Léger*, régie et administrée, comme dans les autres confréries, par des bailes et un syndic nommés, tous les ans, par les membres réunis.

Si l'on se reporte à la pièce citée par M. Doublet, on verra que les tisserands entretenaient leur chapelle au moyen d'une quête et de l'argent qu'ils versaient « suivant les estatutz de ladite confrairie » ; que tous les dimanches ils faisaient dire une messe ; que le jour de la fête, ils élisaient leurs officiers qui étaient deux

(1) Jules de Lahondès : *Souvenirs d'histoire locale* (Semaine Catholique de Pamiers, 1895, p. 1099.)
Ailleurs (*Annales de Pamiers*, t. I, p. 398), M. de Lahondès donne la date du 11 janvier 1521.

syndics et quatre bailes ou marguilliers ; qu'ils rendaient leurs comptes devant les syndics, « lesquelz tiennent la boyte, et les marguilliers, les clefs » ; enfin, qu'un prébendier était attaché à leur chapelle (1).

Les menuisiers (3),les charpentiers et les tonneliers (10) avaient une confrérie dont le siège était à la *chapelle de Saint-Joseph*. Le document indique pour eux les mêmes dispositions que nous avons marquées plus haut : une livre de cire pour le droit de lever boutique ; nomination annuelle des bailes et du syndic.

La chapelle de Saint-Joseph , dit le procès-verbal de visite de Sponde, était également la chapelle et confrérie des maçons et des « brassiers » (2).

Les orfèvres (3), les maréchaux ferrants (4), les forgerons (3), les cloutiers (2), les couteliers (2), les fondeurs de cuivre et chaudronniers (5), les armuriers (2), les bâtiers, selliers et mourralliers (5), les

(1) Georges Doublet : *opus citatum*, p. 161.
(2) Georges Doublet : *opus citatum*, p, 158,

potiers de terre (5) formaient ensemble une confrérie à laquelle était affectée la *chapelle de Saint-Eloi* (1). Nous y trouvons les prescriptions identiques au sujet de la livre de cire et de la nomination des officiers.

Les boulangers (13) formaient à eux seuls une confrérie ; leur patron était *Saint-Martin*, dont ils entretenaient la chapelle qui lui était dédiée à l'église paroissiale. Le droit de lever boutique était toujours fixé à une livre de cire, et la nomination des bailes et du syndic avait aussi lieu tous les ans dans une réunion générale.

Les pareurs de draps (6) et les chapeliers (1) avaient le siège de leur confrérie à la *chapelle de Saint-Pierre*. Ils donnaient une livre de cire pour droit de lever bou-

(1) La *chapelle de Saint-Eloi* avait été d'abord l'une de celles de l'église de N. D. de Montgauzy. (Voir Georges Doublet, *opus citatum*, pièces justificatives, p. 207). Le procès-verbal de visite de Montgauzy (25 mai 1628) nous apprend qu'elle était entretenue par les orfèvres, balustriers et serruriers de Foix, et que cette confrérie avait été transférée, par ordonnance épiscopale, dans l'église paroissiale.

tique et nommaient annuellement leurs bailes et leur syndic.

Les peigneurs de laine et les cardeurs (13), de concert avec les travailleurs de terre et les vignerons, entretenaient la *chapelle de Saint-Blaise*, siège de leur confrérie. Même droit d'une livre de cire. Le service de la confrérie était confié, tous les ans, à des bailes et à un syndic.

Le document s'occupe ensuite des chirurgiens et des apothicaires.

Les chirurgiens ou *barbiers* — ils avaient 6 boutiques en 1691 — étaient établis en maîtrise et jurande. Nul garçon-aspirant ne pouvait, d'après le règlement, ouvrir boutique avant d'avoir subi avec succès trois examens par devant M° Marrast, à Pamiers, commis de M° de Félix, premier chirurgien du Roi, et autres maîtres auxquels étaient adjoints les docteurs en médecine de la ville. Le garçon-aspirant devait payer à chacun des maîtres qui assistaient aux examens 30 sols par séance, au lieutenant 3 livres et aux médecins autres 3 livres. Pour les lettres de réception, il devait donner 100 sols au lieutenant et 3 livres au greffier pour droit de leur expédition.

Les apothicaires — 3 boutiques — étaient en maîtrise et jurande depuis 1665. Nul aspirant ne pouvait, depuis cette époque, ouvrir boutique sans qu'il n'eût été examiné par trois fois et qu'il n'eût fait les chefs-d'œuvre accoutumés. Ces examens avaient lieu en présence des maîtres de leur vacation, assistés des docteurs en médecine. Il n'était rien payé pour les examens, si ce n'est un repas que l'aspirant, selon la coutume, donnait aux assistants. Les frais se réduisaient ainsi aux lettres de réception — concession et expédition — soit à une vingtaine de livres.

Si arides et si incomplets que paraissent ces documents, il ont, nous a-t-il semblé, un véritable intérêt rétrospectif. On aime, de nos jours surtout, à connaître jusque dans les moindres détails, quelle a été la vie de nos pères. Cette étude, digne de toute la sollicitude des chercheurs, n'a pas encore porté tous ses fruits. Chaque jour apporte une pierre à l'édifice.

Les nouvelles conditions du travail, qui accusent incontestablement un progrès véritable, ne sauraient nous empêcher de regretter la fraternité de l'association religieuse qui contribua si puissamment, jusqu'à la tourmente révolutionnaire, à faciliter les rapports de l'atelier, comme aussi à adoucir tous les autres contacts sociaux. Devant les sombres menaces de l'avenir et le nombre toujours croissant des revendications de la classe ouvrière, l'on se sent porté, malgré soi, à jeter un regard vers le passé pour y chercher des constatations et peut-être aussi des enseignements...

Droits seigneuriaux
des Foix-Candale au XVIIᵉ siècle.

Les archives municipales de Foix possèdent un registre (1) de Mᵉ Castaigné (2), notaire royal de cette ville dans la seconde moitié du xviiᵉ siècle, se rapportant entièrement à des droits seigneuriaux. C'est un document encore inédit et authentique comme le révèlent les signatures qui sont apposées à la fin de chaque acte. Il intéresse *très haut et très puissant seigneur Jean-Baptiste Gaston de Foix, duc et pair*

(1) Registre de 39 feuillets. Carton D.
(2) Mᵉ Jean Castaigné ou Castagné, notaire de Foix (8 janvier 1663 — décembre 1699). Ses minutes se trouvent actuellement chez Mᵉ Nicoulau.

de France, comte de Foix, d'Astarac (1),
Fleix et autres lieux.

Il résulte de ce registre que Jean-Baptiste Gaston de Foix possédait, dans trente-trois communautés ou consulats, divers droits dont nous indiquerons plus loin la nature, qu'il affermait pour une ou plusieurs années à des particuliers de ces différentes localités. Les baux d'afferme ne portent pas tous la même date et s'échelonnent du 28 décembre 1665 au 16 juillet 1666. Ils sont consentis la plupart pour quatre années (1er janvier 1666 — 31 décembre 1669), par Me Gabriel de Bertrandy, avocat en la Cour du Parlement de Toulouse, procureur fondé du seigneur comte de Foix, en vertu de la procuration à lui faite le 5 mai 1665.

Les fermiers s'engageaient à payer les droits aux termes convenus et par *pacts* égaux : premiers jours de juin et premiers jours de décembre de chaque année. Ils

(1) *Astarac*, pays de Gascogne entre l'Armagnac, le Fezensaguet, la Bigorre et le Comminges ; la capitale était Mirande. (*Esquerrier*, p. 56).

promettaient, en outre, de remettre les diverses sommes entre les mains de M⁰ Bertrandy, résidant à Toulouse, ou entre les mains de tout autre qui aurait reçu mission de les percevoir de la part du comte. M⁰ Bertrandy, de son côté, les assurait de les faire jouir des droits mentionnés dans l'acte d'afferme, à la réserve des fiefs (*sic*) et albergues qui étaient payables, chaque année, à la fête de Toussaint, et du droit de fouage qui se payait aussi à part, de sept en sept ans, à la fête de saint Jean-Baptiste. Le procureur du comte leur promettait encore de leur « demeurer » en cas fortuit de grêle, guerre ou contagion.

La plupart de ces actes d'afferme sont rédigés en due forme, signés par les contractants et le procureur fondé. Quelques-uns ne sont que des projets d'arrentement : ils n'indiquent, par conséquent, ni nom de fermier, ni date de fermage, ni prix d'afferme, mais ils font connaître les droits possédés dans certaines communautés par le comte de Foix.

I

Le lecteur a dû se poser déjà une double question : quel est ce comte de Foix et en vertu de quel privilège jouissait-il de certains droits dans un pays qu'un édit de juillet 1607 avait cependant réuni à la couronne ? Des éclaircissements sont, en effet, nécessaires, et la place que nous leur donnons ici est tout à fait logique.

Jean-Baptiste Gaston de Foix appartenait à la branche de Foix-Candale. Il était fils de Jean-Baptiste Gaston de Foix, comte de Fleix, lieutenant-général pour le roi au gouvernement de Bourgogne et de Marie-Claire de Beaufremont, marquise de Senecey. Son père, après plusieurs campagnes en Flandre, fut tué au siège du fort de Mardick, en une sortie, le 13 août 1646. Sa mère avait été première dame d'honneur de la reine Anne d'Autriche. En cette considération, la famille de Candale fut honorée de la pairie, sous le titre de comtes de Randan (1), par lettres patentes du mois de mars 1661. Marie-Claire mourut à Paris le 29 juillet 1680, à l'âge de 62 ans. Ses trois fils ne laissèrent pas d'enfants. Jean-Baptiste Gaston, l'aîné, celui dont il est question dans cette étude, fut reçu pair de France en l'an 1663 et mourut à Paris le 12 décembre 1665 âgé de 27 ans à peine. Charles-Henri de Foix, abbé de Rébats, en Brie, mourut à Paris, au mois de mai 1671, à l'âge de 24 ans. Henri-François, connu sous le nom de duc de Foix, mourut en 1714 ; avec lui se termina cette branche de Candale qui avait été si fertile en grands hommes (2).

La jouissance des droits seigneuriaux attribués par le document à Jean-Baptiste Gaston ne saurait s'expliquer autrement que par la vente et aliénation des domaines consentis par le roi en sa faveur. C'est

(1) Le château de Randan (Puy-de-Dôme) est actuellement la propriété de Mme la comtesse de Paris.

(2) Archives de l'Ariège : *Comté-pairie de Foix — Duché-pairie d'Espernon.*

la seule solution plausible que viennent, du reste, confirmer certains témoignages de source officielle. Les registres des délibérations du Conseil politique de Foix nous apprennent qu'en 1645 et 1646 les fours banaux, le greffe des consuls et certains autres droits qu'ils ne précisent pas, appartenaient à l'abbé de Saint-Volusien et à Mgr le Duc d'Epernon, ce dernier « comme ayant droict et cause du roi (1) ». Ce ne serait encore là qu'une donnée obscure, mais elle est expliquée par un document authentique conservé aux archives nationales (2). M. l'abbé Duclos l'a publié en entier dans son *Histoire des Ariégeois* (3). Le 15 mars 1644, un contrat de vente de la seigneurie de Foix fut passé par les commissaires-députés pour la vente et aliénation des domaines, au profit de messire Bernard de Foix de la Valette, *duc d'Epernon* de la Valette et Candale, pair et

(1) *Registre des délibérations*, 21 novembre 1645, fol. 6 ; 22 janvier 1646, fol. 11.
(2) Carton Q, 49-51.
(3) Tome V, pp. 327 et 328.

colonel-général de France, gouverneur et lieutenant-général en Guyenne. L'adjudication portait sur « la comté de Foix, justice, domaine, revenus et dépendances appartenant à *Sa Majesté* ». Cinquante-six villes ou communautés sont mentionnées dans le contrat ; le roi se dessaisit des droits qu'il possédait dans le pays de Foix moyennant une somme capitale de 102,234 livres payable au trésorier de l'épargne : Gaspard de Fieubel. Que le lecteur veuille bien, pour le surplus, se reporter au volume de M. l'abbé Duclos que nous citons en note. En 1662 (1), le duc d'Epernon était mort ; le premier consul de Foix représenta que le sieur *Bertrandy*, commis des *héritiers*, était venu pour faire les affermes du domaine de ce pays. C'est entre ces deux dates extrêmes : 1662 et 1665, que Jean-Baptiste Gaston dut se présenter comme engagiste et observer les mêmes formalités d'adjudication que

(1) *Registre des délibérations,* 12 janvier 1662. fol. 130 v°.

nous venons d'indiquer. A sa mort surve-
nue, comme il a été dit, le 12 décembre
1665, le roi dut reprendre ses droits du
comté de Foix. C'est sans doute pour cette
raison que tous les projets d'arrentement
ne furent pas confirmés. Le 16 juillet 1666,
un dernier acte est consenti par Bertrandy
qui se dit toujours procureur fondé du
seigneur comte. Nous n'avons pu nous
expliquer ce fait. Son frère Henri-François
voulait-il tenir les engagements pris, con-
tinuer les affermes, et avait-il négligé de
donner une procuration en son nom ?
Mystère.

Les registres de 1668 nous révèlent une
nouvelle organisation. Le roi avait alors
dans chaque province, dans chaque comté
un fermier qui prenait le nom de « fermier
général des domaines de Sa Majesté ». Ce
dernier avait un « procureur général »
qui, à son tour, subdéléguait un ou plusieurs « commis » pour se transporter là
où il ne pouvait se rendre lui-même.
Ceux-ci, en vertu du pouvoir qui leur était
donné par le fermier général, « sous-affer-

maient » à de simples particuliers. En 1668, le fermier général était M* Thomas Balade ; le procureur général était le sieur Lavergnie et le commis délégué pour le pays de Foix Me Antoine Calmelz (1).

Les lettres patentes données à Saint-Germain-en-Laye, le 16 février 1667, ordonnèrent le dénombrement général des domaines du roi. Elles portaient que le roi, ruiné par ses longues guerres, se voyait forcé d'aliéner son domaine et que, en présence des usurpations nombreuses qui s'étaient produites, il désignait un certain nombre de commissaires pour recevoir les reconnaissances, aveux et dénombrements. Dans le comté de Foix, on y procéda de 1670 à 1674. M. Barrière-Flavy (2) dans son introduction à la très intéressante étude qu'il a consacrée à ce

(1) *Registre des délibérations*, 16 août 1668, fol. 397 v°.

(2) Barrière-Flavy : *Dénombrement du comté de Foix sous Louis XIV (1670-1674). Etude sur l'organisation de cette province suivie du texte du dénombrement.* Toulouse, imp. *A. Chauvin et fils*, 1889. in-8° de XXXVII-163 pages.

dénombrement, écrit : « Si c'était en vue
de préparer l'aliénation du domaine que
le dénombrement fut ordonné, il faut
reconnaître qu'on apporta quelque lenteur
à l'exécution de ce projet ; car ce ne fut
que vers 1710, à la fin du règne de
Louis XIV, que des domaines furent
engagés, le Donnezan, par exemple ».
Continua-t-on dans notre pays à suivre
l'organisation que nous avons signalée
après la mort de Jean-Baptiste Gaston ?
Tout porterait, on le voit, à le croire, mais
il serait très imprudent de l'affirmer :
quelque notaire du Châtelet a pu instru-
menter en faveur d'un engagiste inconnu
de nous. Quoiqu'il en soit, du reste, point
n'est besoin de s'arrêter davantage sur
ces libres assertions, nous croyons avoir
fait assez de lumière sur le second point
que nous avions pris à tâche d'élucider.
On sait que, depuis la réunion du comté
de Foix à la couronne de France, en 1607,
le roi a été, comme comte de Foix, seigneur de la Province, et que les droits
seigneuriaux, par voie de conséquence,

lui appartenaient entièrement. Si parfois des textes les attribuent à des seigneurs particuliers, il faut légitimement en induire que le roi les avait aliénés en leur faveur.

II

Pour bien saisir la portée du document, il est indispensable de définir certains termes juridiques qui ne sont plus en usage de nos jours.

On appelait *bailli* un officier royal d'épée au nom duquel la justice se rendait dans l'étendue d'un certain ressort ; et l'on appelait *bailliage* un tribunal composé de juges qui rendaient la justice au nom du bailli ou avec le bailli. On donnait aussi le nom de bailliage à l'étendue de pays qui était sous la juridiction du bailli.

Le *carnalage* était un droit qu'on percevait sur les troupeaux.

On désignait sous le nom de *leude*, principalement dans le Midi, l'impôt prélevé sur les marchandises, les animaux et même les personnes à l'entrée des villes ou en d'autres endroits déterminés. Le *péage* était un impôt perçu sur les chemins et au passage des rivières ; le produit servait, à l'origine, à l'entretien des routes et des ponts et appartenait primitivement au souverain ; mais les seigneurs ne tardèrent pas à se l'attribuer (1).

Fief est un terme générique qui comprenait tous les immeubles engagés à un titre quelconque.

L'*albergue* était primitivement l'obligation pour le vassal de loger et de défrayer le seigneur suzerain, avec sa suite, en certains cas.

Tout impôt sur les objets de consommation s'appelait *gabelle*. Mais ce mot désignait plus particulièrement l'impôt sur le sel.

Le droit de *lods et ventes* était le droit payé au seigneur à l'occasion de la vente d'un immeuble. On l'appelait primitivement *foriscapium, foriscape*.

____

(1) Voir Chéruel et Guyot : *Traité de jurisprudence.*

Le *fouage* était un impôt en argent, qui ne devait se lever qu'en certaines occasions et à des intervalles déterminés. Dans certains endroits, on le percevait seulement tous les sept ans. C'était le cas pour le comté de Foix.

La *dîme* n'était pas toujours un revenu ecclésiastique. Parfois, cet impôt avait été détourné de son affectation première pour être attribué à un seigneur laïque.

On entendait par *banalité* le droit qu'avait un seigneur d'obliger les habitants à se servir de son moulin et de son four. Pour s'affranchir de cette obligation, et avoir un four chez eux, les particuliers devaient payer le droit de *fournage*.

Le droit d'*aide* était pris sur certaines boucheries. A Foix, le roi percevait 150 livres et l'abbé de Saint-Volusien 180. C'était un droit de seigneurie foncière.

Le *bladage* était une redevance en grains que l'emphytéote payait pour chaque bête de labourage qui travaillait dans le fonds inféodé.

La *messerie* (messeguerie, messaguerie,

messagaria : *Du Cange*) était le droit qui revenait au gardien des moissons et des vignes ou messier. On entendait encore par ce mot l'étendue de la juridiction du messier.

On trouvera ailleurs, dans des ouvrages spéciaux (1), les notions indispensables pour connaître convenablement l'ancien régime fiscal. Cette étude ne comporte pas les développements que le lecteur désirerait à bon droit. Un travail comparatif entre la vieille organisation et celle qui nous régit aujourd'hui serait, à coup sûr, des plus instructifs. Si nous n'avons pas à payer des amendes et des leudes au seigneur, en retour de la protection armée dont il couvrait efficacement ses vassaux, n'avons-nous pas des impôts bien autrement lourds à payer au seigneur moderne appelé le fisc : impôt foncier, impôt mobilier, impositions indirectes qui atteignent

(1) Loyseau : *Traité des seigneuries*; — Boissieu : *De l'usage des fiefs*; — Renauldon : *Dictionnaire des fiefs*; — La Roche-Flavin : *Des droits seigneuriaux*; — Baquet : *Des droits de justice*.

tous les objets de consommation, sans compter les droits d'octroi, les droits de place et autres barrières municipales ?

III

Après ces préliminaires, que le lecteur aura assurément jugés un peu trop longs, mais que nous avons cru devoir donner pour l'intelligence du texte, nous arrivons à l'analyse du document lui-même. Pour en rendre la lecture moins fastidieuse, nous avons supprimé les formules qui se répètent à tout propos, nous attachant simplement à rendre intégralement les détails essentiels. Nous suivons l'ordre des baux, tel qu'il est observé dans le *minutier* de M⁰ Castaigné, sauf, quand pour une communauté il y aura plusieurs actes d'arrentement, à les joindre ensemble pour plus de clarté. Nous indiquons à la suite la date du bail lorsqu'elle est donnée.

1. DONNEZAN. — Dans le Donnezan (1),

(1) Le pays souverain du Donnezan était chef de châtellenie et se composait de neuf villages, grands ou petits : *Quérigut, le Mas, Carcanières, le Puch, le Pla, Artigues, Mijanès, Rouze* et *Son.*

les droits sur les *dîmes* des grains, *lods et ventes, carnalages, montagnes* et autres, à la réserve des droits sur les *moulins, grands ieudes, fiefs, albergues* et *fouage,* furent affermés à Jean Beringuier, Durand Authier et Pierre Authier, d'Ax, moyennant la somme de 10,000 livres pour les quatre années (1666-1669), ce qui revenait à 2,500 livres chaque année (1). (Bail du 28 décembre 1665).

2. LORDADAIS. — Le *bailliage* du Lordadais (2) fut affermé à Pierre et François Peyre : 1840 livres. (Bail du 3 janvier 1666).

3. FOIX. — Le comte de Foix et l'abbé de Saint-Volusien possédaient par indivis les droits de *péage* et de *leude*. La portion

---

(1) Presque tous les baux d'afferme sont consentis pour quatre années complètes; afin d'éviter des longueurs, nous omettrons de signaler cette particularité, à moins que les conventions ne portent sur un laps de temps plus court.

(2) Le pays du Lordadais était, comme le Donnezan, chef de châtellenie, et se composait de quinze petits villages, savoir : *Lordat, Axiat, Appy, Caychax, Saint-Conac, Vèbre, Urs, Lassur, Garanou, Vernaux, Luzenac, Unac, Bestiac, Caussou* et *Sortadel.*

du comte fut affermée à Jean Tourenc
1,600 livres. (Bail du 28 décembre 1665).

Le *bailliage* de Foix, le quart du *moulin
de Roque* (1), les droits de *Fourniols* (2) et
Cubières (3), *Monesple* (4) et *Serveilhas* (5),
ensemble le droit de lods et ventes des
« *molines ferrales* » (6) appartenant au
comte, furent affermés à Laurens Caralp
moyennant 123 livres 16 sols par année.
(Bail du 29 décembre 1665).

(1) Le moulin, dit moulin *del Rocq*, situé sur la
rivière de l'Arget, donnait le quart du revenu au roi.
(Voir Barrière-Flavy : *Dénombrement...* p. 56).

(2) Le lieu de *Fourniols* a totalement disparu aujour-
d'hui, le nom même ne s'est pas conservé. Les limites
de cette localité, fournies par les députés Vergé et Rivière
(denombrement du 28 févr:er 1673, *Barrière-Flavy*, p.60),
nous ont permis de rechercher la situation qu'elle devait
occuper. Nous pensons, dit M. Barrière-Flavy, que la
métairie actuelle du Caraut, située au sommet d'un
mamelon dans les côteaux argileux au sud-ouest de
Pamiers, et dans la commune de Montégut, est bâtie sur
le lieu dit de Fourniols.

(3) *Cubières* est aujourd'hui une métairie de la commune de Montégut, canton de Varilhes.

(4) *Monesple*, commune de 160 habitants, canton du
Fossat.

(5) *Serveilhas* est aujourd'hui une métairie située
dans les côteaux argileux dits du Terrefort, au sud-ouest
de Pamiers. On y voit des débris de fortes constructions ;
peut-être les restes de quelque petit château.

(6) **Molines ferrales,** de *molina,* forge à fer.

Le *bladage* de la ville et du consulat de Foix, Montgaillard et autres lieux fut affermé à Pierre Dubois et Jean Curta 200 livres. (Bail du 15 janvier 1666).

L'afferme du *four banier* de Foix n'est qu'un projet. Nous apprenons par le document qu'un des deux fours banaux, le four d'aval appartenait au seigneur comte ; l'autre, appelé four d'amont, était à l'abbé de Foix.

L'afferme du droit d'*aide* et du droit de *greffe*, possédés par indivis par le comte de Foix et l'abbé de Saint-Volusien n'est encore qu'un projet.

4. VICDESSOS. — La *leude* de la mine « ferral » de Vicdessos et de Siguer, ensemble les *bailliage*, *greffe* et *montagnes* dudit Vicdessos, furent affermés à noble Raymond de Fabas, sieur de Cabre et autres lieux, moyennant 6,120 livres. (Bail du 29 décembre 1665).

5. AUTERIVE. — Le *bailliage* et autres droits de la ville d'Auterive, appartenant au Comte, furent affermés à noble François de Sanson, écuyer, moyennant 1,520 livres. (Bail du 2 janvier 1666).

6. Daumazan. — Le *bailliage* et le *greffe* de Daumazan furent affermés à Paul Gavignères et Jean Pujol à raison de 800 livres. (Bail du 24 mars 1666).

7. La Bastide-de-Sérou. — Le *bailliage* et le *greffe* de la Bastide-de-Sérou furent affermés à Pierre Lasserre et Jean Sabatier, dit Esquirol, moyennant 1,240 livres. (Bail du 6 janvier 1666).

8. Montaut. — Le *bailliage* et le *greffe* de Montaut furent affermés à Antoine Cabanier et Guillaume Vidal, à raison de 250 livres par année. (Bail du 29 décembre 1665).

9. Varilhes. — Le *bailliage* et le *fournage* de Varilhes furent affermés à Jean Astrade et Raymond Ferriés, à raison de 1,640 livres. (Bail du 29 décembre 1665).

10. Ax et Mérens. — Le *bailliage* et le *greffe* d'Ax et de Mérens, les *gabelles* et le *passage* d'Ax et Fontargente (1) furent

____

(1) Le port de *Fontargente* (2,252 mètres) met en communication la France et l'Andorre par les vallées d'*Aston* et d'*Incles*.

affermés à Guillaume Bonnel, notaire royal, Jean Bonnel et autre Jean Bonnel, moyennant 2,120 livres. (Bail du 28 décembre 1665).

11. LATERRASSE. — Le *bailliage* de Laterrasse (1) fut affermé à Jean-Pierre Darexy moyennant 160 livres. (Bail du 3 janvier 1666).

12. MAZÈRES. — Le *bailliage*, le *greffe* et autres droits, appartenant, dans la ville de Mazères, au comte de Foix, furent affermés à Jean Delboy moyennant 920 livres. (Bail du 23 mars 1666.)

13. MONTGAILLARD. — Le *bailliage* et le *greffe* de Montgaillard furent affermés à Jean Dénat : 320 livres. (Bail du 28 décembre 1665).

14. LES BORDES-SUR-ARIZE. — Le *bailliage* et le *greffe* des Bordes furent affermés à Me Jean Dupias, « licentier ez droictz », moyennant 144 livres. (Bail du 29 décembre 1665.)

(1) Aujourd'hui, *Laterrasse* est un hameau de la commune de Saint-Jean-de-Verges, canton de Foix.

15. La Bastide-de-Besplas. — Le *bailliage* et le *greffe* de la Bastide-de-Besplas furent affermés à M⁰ Raymond Décamps, « docteur et advocat ez la Cour dud[it] lieu de la Bastide-de-Besplas », moyennant 480 livres. (Bail du 13 avril 1666).

16. Pamiers. — Le *bailliage* et la *leude* de Pamiers furent affermés à Jean Carrière et François de la Fontine ; conditions : 1,880 livres. (Bail du 28 décembre 1665).

17. Clermont.— Le *bailliage* et le *greffe* de Clermont furent affermés à Michel Bergé ; conditions : **40** livres. (Bail du 16 juillet 1666).

18. Mas-d'Azil. — Le *bailliage* et le *greffe* du Mas-d'Azil furent affermés à Jean Dupias et à noble Charles Descaich, sieur de Plaigne, moyennant 640 livres. (Bail du 4 janvier 1666).

19. Campagne. — Projet d'afferme du *bailliage* et du *greffe*.

20. Sabarat. — Projet d'afferme du *bailliage* et du *greffe*.

21. Cos.— Projet d'afferme du *bailliage*.

22. Baulou. — Projet d'afferme du *bailliage*.

23. Le Carla-Bayle. — Le *bailliage* du Carla fut affermé à Pierre Catala : 680 livres. (Bail du 28 décembre 1665.)

24. Saverdun. — Le *bailliage* et le *greffe* de Saverdun furent affermés à Antoine Pitorre et Jean Alias : 1,320 livres. (Bail du 9 avril 1666).

25. Verniolle. — Projet d'afferme de la *messeguerie*.

26. Tarascon. — Le *bailliage* et le *moulin* de Tarascon furent affermés à Paul Séré: 2,280 livres. (Bail du 29 décembre 1665).

Projet d'afferme du *greffe* des consuls.

27. — Monesple. — Projet d'afferme du *bailliage* et du *greffe*.

28. Escosse. — Le *bailliage* et le *greffe* d'Escosse furent affermés à Charles de Baillé : 172 livres. (Bail du 28 décembre 1665.)

Paul Bouby et Jean Vergé obtinrent l'afferme et offrirent 229 livres, 6 sols, 8 deniers. (Bail du 26 mars 1666).

De Baillé obtint de nouveau l'afferme,

mais avec une offre beaucoup plus considérable : 305 livres, 15 sols, 6 deniers. (Bail du 21 juin 1666).

Ici prend fin l'analyse des actes ou projets d'arrentement consentis par Me Bertrandy au nom du Comte de Foix. Elle n'est pas attrayante, tant s'en faut. Elle a, toutefois, le grand mérite de respecter l'exactitude et la clarté historiques. La sécheresse de tous ces renseignements uniformes ne saurait, d'ailleurs, disparaître que dans une étude générale sur les anciens usages féodaux du pays de Foix. Il ne nous reste qu'à former des vœux qu'elle tente tôt ou tard les patientes recherches d'un de nos érudits ariégeois.

Dénombrement de la Ville et du Consulat de Foix sous Louis XV (15 juin 1733).

I

On entend par *dénombrement* en matière féodale « une description exacte et *par le menu* de tout ce qui compose le fief servant, tant en domaines qu'en arrière-fiefs et censives, rentes, servitudes, droits utiles et honorifiques, prééminences et prérogatives (1) ». Les officiers municipaux pour leurs communautés et les seigneurs pour leurs terres étaient appelés, à certai-

(1) Renauldon : *Dictionnaire des fiefs*.

nes époques, à le fournir au roi. Ce fut un usage constant aux siècles passés, avant la Révolution.

Au xviie siècle, trois dénombrements ou « hommages » furent dressés par les consuls. Le premier porte la date du 17 juillet 1612 ; il fut fait à Toulouse par les soins des magistrats alors en exercice « par devant M. de Caulet, seigneur du Secourieu, chevalier, conseiller du roi, président et trésorier général de France au bureau des finances du Languedoc estably à Tolose ». M. Georges Doublet en a donné un résumé très fidèle dans le *Bulletin de la Société Ariégeoise* (1). Le second, signalé dans l'étude de M. de Dufau de Maluquer sur le « *Consulat de Foix en 1445* » (2) est daté de Pamiers, le 17 janvier 1669 (3). Il est encore inédit. Le troisième, celui du 16 novembre 1672,

(1) *Foix sous Louis XIII.* (Bull. t. 6, n° 6, 1898, pp. 381-84).
(2) *Bulletin de la Société Ariégeoise*, t. 6, n° 5, 1898, p. 252, 5° note.
(3) Archives de Foix, carton S.

est reproduit en entier dans le « *Dénombrement du comté de Foix sous Louis XIV
(1670-1674)* », publié, il y a quelques
années, par M. Barrière-Flavy (1).

Chaque dénombrement avait son carac-
tère propre. Ainsi, l'un était fiscal et ad-
ministratif à la fois, l'autre purement ad-
ministratif et ne visait que des points assez
secondaires, comme par exemple, la population d'une province ou d'un consulat (2).
Ceux que nous venons de citer offrent
avec plus ou moins de détails et de clarté
l'exposé exact de la vieille organisation
fuxéenne, de cet ensemble de libertés et
de privilèges que la communauté et les
villages qui en dépendaient avaient mis
des siècles à conquérir. La déclaration du
15 juin 1733, calquée sur les précédentes,
contient elle aussi l'inventaire de l'ancien

(1) Toulouse, *A. Chauvin et fils*, 1889, pp. 53-59.
(2) Voir a ce sujet le dénombrement du comté de
Foix de 1765 publié par M. l'abbé Duclos (*Histoire
des Ariégeois*, t. VII, pp. 202-06), et celui des 74
paroisses du Couserans (1690-1701 ; 1752-1763) donné par
Castillon d'Aspet (*Histoire du Comté de Foix*, t. II,
pp. 467-70).

régime de nos libertés locales. Nous en donnons le texte sans autre avant-propos.

Que le lecteur veuille bien se reporter aux publications relativement récentes de nos doctes confrères. Elles contiennent pour l'intelligence du document (1) que nous publions *in extenso* ci-après, de sûres références et de très utiles remarques préliminaires.

II

Déclaration générale que mettent et baillent les consuls de la ville de Foix pour et au nom de la communauté que consulat et jurisdiction d'icelle dont l'étendue sera cy-après exprimée, limitée et confrontée par devant vous Nos Seigneurs de Parlement, Chambre des Comptes, Aydes et Finances de Navarre, commissaires députés par Sa Majesté pour la réception des aveus et dénombremens, et ce, en conséquence de

(1) Archives de la ville de Foix, carton S.

*l'hommage qu'ils rendirent le 15 juin
1733.*

1. — Déclarent lesd[its] consuls que
lad[ite] ville de Foix est la capitalle du
comté, dans laquelle il y a un château
ap[p]artenant à Sa Majesté où il y a garnison et où sont aussy les prisons royalles ;
le consulat de laquelle se sépare avec les
autres villes et lieux du[dit] comté est
confronté et limité avec le ruisseau d[it]
de Rieupeiroux (1) et à présent de la
Causadette (2), qui est du costé d'aquilon,
et du costé du levant se sépare et confronte
avec la terre des seigneurs [de] Dalou, du
seigneur de Mirapoix traversant vers Las-
ponne (3) par le lieu de Roquefort jusques

(1) Cet affluent de l'Ariège est connu, aujourd'hui,
sous le nom de *ruisseau de Marseillas.* Son lit, formé
de galets roulés, lui valait l'appellation primitive : *rivus
dictus Peyros* et *rivus petrosus,* au XIV⁰ siècle.

(2) *La Caussadette* (carte de Cassini), actuellement
Caussadette, hameau de la commune de Saint-Jean-de-
Verges.

(3) *Lesponne* est une région géographique dont
Roquefixade était, pour ainsi dire, le chef-lieu ; on voit
encore, dans la commune de Roquefixade, canton de
Lavelanet, les restes d'une enceinte fortifiée et un donjon
carré du XIV⁰ siècle.

à la fontaine d'Enrivière (1), la terre du
seigneur de Selles, la terre du seigneur
de Saint-Paul, et du costé du midy jusques au lieu de Mongaillard et à Lapiche
(2) près le castel, en descendant au[dit]
Rieupeiroux où est inclus le vignier d'Es-
pira et Ravel et le Pech (3) de Foix, et
par della lad[ite] rivière est aussy limité
vers midy depuis l'Ariège avec lesd[its]
lieux d'Arigniac et Saurat où la montaigne
sépare et au versant de chaque part, et
du couchant des lieux de Massat, le bois
du seigneur de Mauléon, de Castelnau, de
Durban, Alsen, Montels, Unjat, Aigues-
Juntes, et d'aquilon les lieux de Baulou et

(1) *Enrivière* est aujourd'hui un petit hameau situé
entre Soula et Caraybat. Avant la Révolution, Enrivière
était la propriété de la famille Sicre qui portait, dès lors,
le nom de *Sicre d'Enrivière*.

(2) *La Piche*, ruisseau qui coule près des ruines du
château de Montgaillard et porte aujourd'hui le nom de
Saint-Genès.

(3) On désigne aujourd'hui sous le nom du *Vignier*
(alias *Bignè*) les premiè:es pentes du Pech entre Foix
et Montgaillard qui étaient, il n'y a pas bien longtemps
encore, couvertes de vignes.

Le *Pech* est une montagne à l'est de Foix et qui
domine la ville.

Crampagnac (1); lequel consulat est gouverné par quatre consuls qui sont choisis annuellement (2) et pris des habitans de lad[ite] ville, lesquels sont tenus de pretter serment en main[s] des anciens consuls.

2. — Les consuls de lad[ite] ville ont droit de porter la livrée consulaire et robes de drap rouge et noir, auxquels les seigneurs Comtes de Foix ont donné la justice politique jusques à 60 sols suivant l'ordre, et la criminelle dans lad[ite] ville et consulat par concurrence avec la cour de Monsieur le Sénéchal du[dit] comté de Foix étant exercée et administrée au nom

• (1) *Dalou, Crampagna* (communes du canton de Varilhes) ; — *Mirepoix* (chef-lieu de canton) ; — *Roquefort* (commune du canton de Lavelanet) ; — *Celles, Saint-Paul-de-Jarrat, Montgaillard, Baulou* (communes du canton de Foix) ; — *Arignac, Saurat* (communes du canton de Tarascon) ; — *Massat* (chef-lieu de canton) ; — *Castelnau-Durban* (commune du canton de Saint-Girons) ; — *Durban, Alzen, Montels, Aigues-Juntes* (communes du canton de la Bastide-de-Sérou) ; — *Unjat* (section et paroisse de la commune de la Bastide-de-Sérou).

(2) Les consuls étaient créés le jour de Notre-Dame-de-Mars (le 25 mars, jour de l'Annonciation) par le Conseil de la ville.

du Roy, à la cour desquels consuls il y a un procureur jurisdiction[n]el avec titre de Sa Majesté qui exerce son office tant dans lad[ite] ville que consulat.

3. — La justice majeure de la comté doit être exercée dans la[dite] ville suivant les privilèges des seigneurs Comtes de Foix confirmés par tous nos Roys, et par divers arrêts tant du Parlement de Toulouze que du Conseil de Sa Majesté confirmatifs et des privilèges conformement auxquels le siège sénéchal de lad[ite] comté a été toujours dans lad[ite] ville, et même en l'année 1657 le siège présidial y auroit été étably et y auroit resté jusques en l'année 1664 que Sa Majesté en auroit ordonné la translation dans la ville de Pamiers , et les trésoriers de Sa Majesté doivent résider et faire le compte dans lad[ite] ville de Foix et faire leur recepte dans lad[ite] ville de Foix pour toute la comté conformement auxd[its] privilèges confirmés.

4. — Les assemblées des Etats Généraux de ladite comté se doivent tenir dans

lad[ite] ville de Foix et dans la maison commune d'icelle et dans laquelle se tenoi[e]nt aussy les audiances du siège sénéchal et présidial, qui se convoquent suivant l'ordre et commission de Sa Majesté et ne se peuvent tenir en autre part de lad[ite] comté, et les beaux affermes du domaine du Roy du[dit] comté se font aussy dans lad[ite] ville.

5.— Les consuls, jurisdiction et habitans de lad[ite] ville de Foix jouissent de plusieurs privilèges, droits, facultés, franchi_ ses et libertés qui leur ont été données et concédées par les seigneurs Comtes, entr'autres que les habitans de lad[ite] ville et consuls peuvent prendre du bois dans toutes les montaignes, bois et afforets dud[it] consulat et de Sa Majesté, pour leurs uzages, chauffages et bâtimens, notam-[m]ent à l'afforet d'Andrane (1) et lieu de Baulou ; ils ont encore le droit de faire

(1) La forêt d'*Andrane* est aujourd'hui la forêt domaniale d'*Andronne* située dans le canton de Foix, communes de Burret et du Bosc.

depaître leur bétail gros et menu dans
lesd[ites] montaignes, bois et afforets, y
faire errijasser et y dem[e]urer jour et nuit
sans payer aucun droit de coupe, forestage (1), péage ny autres quelconques.

6. — Tous les habitans de lad[ite] ville
ont le droit de pouvoir chasser par toute
la comté soit aux bêtes rousses ou oiseaux,
à la charge de bailler pièce de la bête
rousse qui sont ours, biches et sangliers
aux seigneurs justiciers dans la terre
duquel la bète sera prise, et non autre
chose ; ils ont encore le droit de pêche
par toutes les rivières et ruisseaux dud[it]
comté.

7. — Lesd[its] habitans sont encore
exempts de toutes leudes par tout led[it]
comté, péage et cabale, et il leur est
encore permis d'aller moudre leurs grains
au moulin que bon leur semble, bâtir
pigeon[n]iers, clapiers, viviers dans leurs
terres et pocessions, et pouvoir bâtir mai-

(1) *Forestage* (forastatge), usage des bois (droit
d'usage).

son à tour girouette et craneaux, et ne peuvent être parées, reilhées de fer que dans lad[ite] ville de Foix.

8. — Aucun vin étranger que celuy qui se lève dans le consulat et jurisdiction ne peut entrer dans lad[ite] ville ; et tous les habitans peuvent aller vendre so[u]liers dans la ville de Tarascon sy bon leur semble.

9. — Les consuls déclarent, en outre, qu'il se tient 3 marchés par semaine dans lad[ite] ville de Foix à la place com[m]une, sçavoir : le lundy, me[r]credy et vendredy; il s'y tient encore 4 foires annuellement : la première le 1ᵉʳ me[r]credy après Pâques; la seconde le lendemain de la Trinitté, la troisième le lendemain de la Nativitté Notre-Dame, et la quatrième le lendemain de la Conception Notre-Dame (1).

10. — Lesd[its] consuls ont encore le droit de mettre des bouchers et boulan-

(1) Le marché du vendredi subsiste encore chaque semaine. Les foires se tiennent, depuis le 1ᵉʳ janvier 1902 les premier et troisième lundis du mois. On n'a conservé que celle de la fête (9 septembre).

gers en lad[ite] ville pour le service des habitans, de taxer la viande et pain, et de juger les fautes et contraventions qui s'y commettent, comme étant affaire de police.

11. — Aucun des habitans de lad[ite] ville de Foix ne peut être emprisonné pour depte sy l'on saisit des meubles suffisans à son préjudice, ou baille dépositaire solvable, et, au cas il soit emprisonné, il est conduit dans le château de lad[ite] ville et non en autres prisons et il luy est permis de se nourrir sans que le geolier peut le contraindre à prendre de ses vivres, et ne payer que le droit de geole, entrée et sortie accoutumée, et le commandant dud[it] château est tenu de bailler aux consuls des soldats de la garnison lorsqu'il en est requis pour assister et pretter main forte à l'exécution des actes de justice.

12. — Auxquels privilèges et autres dont lesd[its] habitans jouissent les seigneurs Comtes les ont maintenus et gardés, notamment Henry le Grand, d'heureuse mémoire, par ses lettres patentes données à Paris l'année 1608 vériffiées en la souve-

raine cour du Parlement de Toulouze par arrêt du 20ᵉ aoust de lad[ite] année, le Roy Louis XIII le Juste par autres lettres patentes données à Paris le mois de septembre 1610 vériffiées aud[it] Parlement de Toulouse par arrêt du 30ᵉ mars 1611, confirmées par le feu Roy Louis XIV d'heureuse mémoire.

13. — Déclarent lesd[its] consuls qu'ils ont le droit d'affermer à la meill[e]ure condition l'afferme des boucheries après avoir fait faire les criées et proclamations, sur laquelle afferme, Sa Majesté prenoit la somme de 150 livres pour le droit d'eyde, communement ajeude, laquelle somme la communauté a acquis de Sa d[ite] Majesté et en jouit annuellement, et le sieur Abbé prend 180 livres.

14. — Sa Majesté et le seigneur Abbé pren[n]ent et jouissent en lad[ite] ville par indivis le droit de leude de tout le bétail et marchandises qui passent en icelle, autres pourtant que celles qui appartiennent aux habitans de lad[ite] ville, ensemble la coupe des grains que les voituriers étrangers

portent, et qui se vendent à la place
publique et aux marchés.

15. — Les consuls de lad[ite] ville jugent
et connoissent de l'abus que les voituriers,
marchands ou fermiers dud[it] droit de
leude commettent, et le Roy et led[it] seigneur Abbé qui perçoivent ce droit doivent
réparer et tenir en bon état le pont dud[it]
Foix qui est sur la rivière de l'Ariège.

16. — La communauté jouit conjointe-
ment avec le seigneur Abbé des longes de
pourceaux qui se vendent dans la ville et
des langues des bœufs et vaches qui se
tuent dans les boucheries de lad[ite] ville.

17. — Les consuls afferment encore
deux fours et un fournel banals qui sont
dans lad[ite] ville de Foix, l'un desquels
fours et fournel appellé d'abail appartient
à Sa Majesté, et l'autre four appellé
d'amont appartient au seigneur Abbé de
Foix ; l'afferme desquels fours est abonnée
tant pour le Roy que led[it] seigneur Abbé
à la somme de 1,000 livres par année, de
laquelle Sa Majesté en prenoit originaire-
ment 500 livres que la communauté a

acquis par acte du . . . . .(1) dont elle jouit
annuellement, et les 500 livres restantes
appartiennent aud[it] seigneur Abbé de
Foix, et les fermiers desd[its] fours four-
nissent le bois nécessaire pour faire cuire
le pain.

18. — Déclarent, en outre, lesd[its]
consuls que quoyqu'il y ait des seigneurs
directs dans les lieux de Labarre, Saint-
Jean-de-Verges, Marseillas (2), Villenave-
du-Boscq, Arabaux, Monlaur (3), L'Herm,
Pradières, Caraybat (4), Ferrières, Prayols,
Montoulieu, Seignaux (5), Amplaing, Saint-
Pierre-de-Rivière, Ganac, Serres, Bénac,
Brassac, le Boscq, Saint-Martin-de-Caralp,
Cadarcet, les Martis (6), Cos, Vernajoul,
Loubières et Labouiche (7) qui y pren[n]ent
certains droits, néa[n]moins le Roy en est

(1) Date laissée en blanc dans le texte.
(2) *Marseillas,* hameau de la commune de Villeneuve-
du-Bosc
(3 *Montlaur,* hameau de la commune de l'Herm.
(4) *Caraybat,* hameau de la commune de Soula.
(5) *Seignaux,* hameau de la commune de Montoulieu.
(6) *Les Martis,* hameau de la commune de Brassac.
(7) Labouiche, alias Labouisse, métairie actuelle de
Labouche (commune de Vernajoul).

seigneur haut justicier, et la justice y est exercée par lesd[its] consuls sans qu'aucun desd[its] villages du consulat aye aucun droit de police, laquelle est exercée dans tous lesd[its] lieux par lesd[its] consuls de Foix.

19.— Disent lesd[its] consuls que lad[ite] ville de Foix est murée, dans l'enceinte de laquelle est une maison bâtie à deux planchers où se tiennent les Etats dud[it] païs, et lesd[its] consuls y tiennent leurs sçéances et audiances, dans laquelle il y a un lieu qui sert de prison.

20. — Plus la place publique pour les marchés où est le clocher avec les mesures à mesurer les grains qui s'y vendent, laquelle place lad[ite] ville est tenue de réparer, où il y a des tabliers qui s'afferment annuellement au profit de lad[ite] communauté par lesd[its] consuls, lesd[its] tabliers servant aussy à faire les incans à un desquels est pendu le collier ou carquant.

21. — La communauté possède un

communal appellé Vilotte (1) contenant
deux cétérées ou environ servant à tenir
les foires ou pour les sup[p]lices des con-
damnés à mort.

22. — Plus autre communal appellé le
Camp de Lapalle (2), contenant trois
cétérées terre ou environ, traversé de
quatre chemins.

23. — Autre communal près de la vigne
de Mongauzy traversé de trois chemins,
contenant une cétérée ou environ.

24. — Plus autre communal ou mares-
cage près de la metterie d'Accoquat (3),
contenant deux cétérées.

25. — Plus lad[ite] ville possède un
autre communal contenant six cétérées à
Cadirac (4).

---

(1) *Villote* est aujourd'hui une charmante promenade
dont une des extrémités touche à l'Ariège et auprès de
laquelle se trouvent les édifices publics des casernes, de
l'hôpital et du lycée.

(2) *Le Camp de la Pale* est aujourd'hui le champ
de foire situé derrière les casernes.

(3) La métairie d'*Acoquat* se trouve près du village
d'Arabaux, au nord-est de Foix.

(4) *Cadirac* est un petit hameau de la commune de
Foix, près de Montgauzy.

26. — Plus autre communal où il y a une tuilière appellée Cheuret (1),contenant six cétérées.

27. — Plus autre communal à Bourrat (2) contenant quatre cétérées ou environ.

28. — Plus autre communal près la metterie jadis de Sutra (3) contenant cinq cétérées.

29. — Plus un terroir en communal dit à Caussou (4) contenant trois cétérées ou environ.

30. — Plus la place à la sortie de la porte Saint-Jacques (5) contenant deux cétérées.

31. — Plus autre place communal à la

(1) *Tuilerie de Cheuret :* l'identification nous a été impossible.

(2) La métairie de *Bourras* est située entre le Cellier et le Cussol ; plus exactement, elle se trouve enclavée entre l'ancienne route de Saint-Girons et la route actuelle.

(3) Le hameau de *Sutra* se trouve au sud de Foix, dans la commune de Ferrières.

(4) La métairie de *Caussou* est située à l'ouest de Foix, dans la commune de Cos

(5) La porte *Saint-Jacques* était en face de l'hôpital actuel.

sortie de la porte Saint-Vincent (1) contenant demy cétérée.

32. — Autre communal de même conte-
nance à la sortie de la porte del Cap
de la ville (2).

33. — Plus une maison servant de
collège pour l'éducation de la jeunesse,
assise dans lad[ite] ville, rue ditte de
l'escolle (3) avec un petit jardin joignant.

34. — Plus la tour ou lorloge de lad[ite]
ville scittuée à la rue de Labistour con-
frontant avec les rues publiques et les
sieurs Garanou et Dalpiat.

35. — Plus autre communal à Capmars
(4) contenant douze mesures terre.

36. — Déclarent aussy que les pauvres
ont un hôpital dans lad[ite] ville de Foix
et une metterie au bailliage de Laterrasse,

(1) La porte *Saint-Vincent* s'élevait en face de
l'emplacement occupé aujourd'hui par les casernes.
(2) La porte *del Cap-de-la-ville* se trouvait à
l'extrèmité de la rue actuelle des Salenques.
(3) Aujourd'hui rue de la *Comédie*.
(4) La métairie de *Cammars* (alias Capmars, Camp
Mars) se trouve sur la limite de la commune de Foix et
de celle de Ferrières (du côté de l'Ariège); elle appartient
à la commune de Foix.

autre metterie au lieu d'Arabaux et autre metterie à Ferrières et un patus de maison et jardin à Saint-Vincent.

37. — Disent, de plus, lesd[its] consuls qu'ils sont en pocession immémorialle et perpétuelle de posseder dans le païs de Foix toutes sortes de biens et hérittages francqs et exempts de toute servitude, redevances et autres droits féodeaux à moins de titres contraires suivant le privilège du franc-aleu noble et roturier sans titre dont le païs et habitans d'icelluy ont pleinement jouy tant au regard du Roy que des seigneurs particuliers depuis et auparavant la réunion du païs à la couronne sans aucun trouble pour lesquels biens les pocesseurs ne reconnoissent aucun seigneur que pour la justice seulement.

Laquelle déclaration nous certiffions véritable, sauf le plus ou le moins, promettant s'il vient autre chose à notre connoissance d'en faire la déclaration au Roy ou à ses officiers. En foy de quoy nous avons signé. A Pau, le 26ᵉ aoust 1736,

et Mᵉ de Marc, procureur des[its] consuls
et communauté, a aussy signé.

Signé : MARC.

Contrôlé à Pau le 29 aoust 1736.
R[eçu] trois livres douze sols.

Signé : BARRET.

La présente déclaration contenant sept
f[e]uillets compris le présent a été cottée
et paraphée par moy greffier principal, en
conséquence de l'arrest de ce jour.

Fait à Pau, le 30ᵉ aoust 1736.

Signé : TINON.

La déclaration consulaire de 1733 ne
manque pas, on le voit, d'intérèt. Rappro-
chée des dénombrements antérieurs, elle
doit assurément s'effacer devant eux, mais
elle ne saurait totalement disparaître.

L'étude comparative signalera, dans les
pièces récentes, de nombreuses répétitions,
mais confirmera aussi de précieuses constatations. L'on pourra, grâce à elles, pré-
ciser, par exemple, ou du moins noter des
particularités vraiment curieuses sur tel

ou tel usage local. Le document qui pré-
cède a donc son importance : il sera sûre-
ment mis à profit plus tard quand on
entreprendra, de façon définitive, l'histoire
de notre chef-lieu qui reste encore à faire.

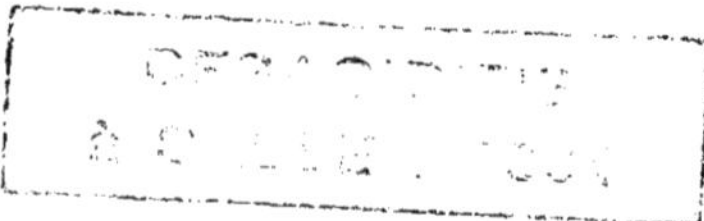

TABLE DES MATIÈRES

FOIX, TYPOGRAPHIE VEUVE POMIÈS.